AI와 반도체

AI문고

인공지능 시대입니다. 기계가 인간의 인지를 대신하고, 사물이 인간을 통하지 않고 다른 사물과 직접 커뮤니케이션합니다. 이에 따른 인간 삶과 문명 변화를 정확히 이해 · 예측 · 대응하는 것은 이 시대 우리 모두의 과제입니다. AI문고는 인공지능 기술과 환경의 여러 주제를 10가지 키워드로 정리합니다. 관련 개념과 이론, 학계와 산업계의 쟁점, 우리 일상의 변화를 다룹니다. 인간과 기술의 현재, 미래를 세심히 분석합니다.

일러두기

- 인명, 작품명, 저서명, 개념어 등은 한글과 함께 괄호 안에 해당 국가의 원어를 병기했습니다.
- 외래어 표기는 현행 어문규정의 외래어표기법을 따랐습니다.

처음이세요?

전문가세요?

AI와 반도체

최종수

대한민국, 서울, 커뮤니케이션북스, 2025

AI와 반도체

지은이 최종수
펴낸이 박영률

초판 1쇄 펴낸날 2025년 4월 14일

커뮤니케이션북스(주)
출판 등록 2007년 8월 17일 제313-2007-000166호
02880 서울시 성북구 성북로 5-11
전화(02) 7474 001, 팩스(02) 736 5047
commbooks@commbooks.com
www.commbooks.com

ISBN 979-11-7307-751-7 03500

책값은 뒤표지에 표시되어 있습니다.

차례

AI 시대 도래를 이끈 반도체

인공지능(Artificial Intelligence, AI) 시대가 오기 전까지 우리는 엔비디아(NVIDA)라는 회사를 그래픽 처리 장치(Graphics Processing Unit, GPU)를 설계하는 유명한 반도체 회사 정도로 인지하고 있었다. 그러나 엔비디아는 AI 기술 및 AI 반도체의 폭발적인 성장에 힘입어 AI 반도체 1위 기업이 되었고, 2024년 6월 말에 마이크로소프트(Microsoft)와 애플(Apple)을 제치고 시가 총액 기준 1위 기업에 올랐다. 글로벌 브랜드 컨설팅 전문업체 인터브랜드(Interbrand)가 매년 발표하는 글로벌 100대 브랜드에서 엔비디아는 2023년 11월 말 100위권 밖에 있었지만, 2024년 11월 말 단숨에 36위에 올랐다(Interbrand, 2024). 엔비디아는 AI 전용 GPU 가속기 제품 포트폴리오로 AI 반도체 시장의 90%를 점유하고 있다. 또한 세계 1위 반도체 파운드리 티에스엠시(TSMC), 고대역폭 메모리(High Bandwidth Memory, HBM) 제조사 SK하이닉스와 함께 '팀 엔비디아(Team NVIDIA)'를 구축하며 글로벌 AI 반도체 생태계 중심에 우뚝 서 있다.

AI 기술 개발과 서비스에서 선구적인 역할을 하며 전 세계 AI 혁신을 주도한 회사를 꼽으라면 구글(Google)을 치켜세우고 싶다. 수많은 사람들이 하루도 빠짐없이 구글 지메일(Gmail)을 통해 이메일을 주고받고, 구글이 소유한 유튜브(YouTube)를 시청하며 초연결 시대를 살고 있겠지만, 이보다 더 중요한 것은 2017년에 발표한 논문 "집중이 네게 필요한 모든 것이다(Attention Is All You Need)"(Vaswani et al., 2017)를 통해 트랜스포머(Transformer) 아키텍처를 제안하며 자연어 처리(Natural Language Processing, NLP)와 딥러닝(Deep Learning)의 패러다임을 전환했다는 사실이다. 트랜스포머는 구글의 BERT(Bidirectional Encoder Representations from Transformers)와 같은 고성능 언어 모델 개발의 기초가 되었고, 오픈AI(OpenAI)의 사전 학습된 생성형 트랜스포머(Generative Pre-trained Transformer, GPT) 시리즈를 비롯한 많은 대규모 언어 모델(Large Language Model, LLM) AI의 토대를 제공했다. 또한 구글은 AI를 활용한 검색, 음성 인식, 구글 트랜슬레이트(Google Translate)와 같은 번역 서비스, 유튜브와 구글애즈(Google Ads)의 추천 시스템을 통해 AI 기술을 상용화하는 데 성공했다. 한편 구글 브레인(Google Brain)과 구글 딥마인드(Google DeepMind)는 알파고(AlphaGo), 알파제로(AlphaZero)와 같은 강화 학습(Reinforcement Learning) AI 모델, 대규모 언어 모델 PaLM(Pathways Language Model) 등 첨단 AI 기술 개발에 중추적인 역할을 했다. 또한 AI 기술의 민주화를 위해 텐서플로(TensorFlow)와 같은 오픈소스 기계학습(Machine Learning) 라이브러리를 공개해 전 세계 개발자와 연구자들에게 혁신 도구를 제공했다. 이러한 구글의 공헌은 AI가 사회적, 경제적 도전에 대응하는 중요한 도구로 자리 잡는 데 큰 영향을 미쳤다.

딥러닝(LeCun et al., 2015)의 선구자로 불리는 세 사람이 있다. 바로 토론토대학교의 제프리 힌턴(Geoffrey Hinton) 교수, 뉴욕대학교의 얀 르쾽(Yann LeCun) 교수, 몬트리올대학교의 요슈아 벤지오(Yoshua Bengio) 교수다. 이들은 현대 AI 혁명의 토대를 구축한 인물들이다. 힌턴은 역전파(Backpropagation) 알고리즘을 정립하며 신경망(Neural Network) 학습(Training)의 기초를 마련했고, 알렉스넷(AlexNet)을 통해 딥러닝의 부흥을 이끌었다. 르쾽은 합성곱 신경망(Convolutional Neural Network, CNN)을 개발해 이미지 인식과 분석의 길을 열었고, 벤지오는 순환신경망(Recurrent Neural Network,

RNN)과 엘에스티엠(Long Short-Term Memory, LSTM) 같은 시퀀스 모델링(Sequence Modeling)과 딥러닝 기반 자연어 처리 기술 발전에 기여했다. 이들은 1980~1990년대에 신경망의 가능성을 믿고 협력하며 연구를 지속했으며, 2018년 컴퓨터 과학 분야 노벨상으로 불리는 튜링상(Turing Award)을 공동 수상하며 딥러닝 기술의 중요성을 입증했다. 게다가 힌턴은 2024년 노벨 물리학상 공동 수상자가 되었다. 이들의 협력은 각각의 연구 영역에서 전문성을 발휘하면서도 딥러닝의 잠재력을 증명하는 데 상호 보완적으로 작용하며, AI 기술의 기초를 세운 역사적 성과로 평가받는다.

빼놓을 수 없는 한 사람이 더 있다. 엔비디아의 공동 창업자이자 CEO인 젠슨 황(Jensen Huang)이다. GPU를 범용 컴퓨팅 플랫폼으로 전환해 AI 하드웨어 가속기 시장을 혁신적으로 개척한 인물이다. 그는 2006년 CUDA (Computed Unified Device Architecture)를 도입해 GPU를 딥러닝 및 대규모 데이터 처리에 활용할 수 있는 도구로 발전시켰으며, 2012년 딥러닝 모델 알렉스넷의 성공 이후 GPU는 AI 모델 학습을 위한 하드웨어 가속기의 표준으로 자리 잡았다. 또한 엔비디아의 테슬라(Tesla), 볼타(Volta), 암페어(Ampere), 호퍼(Hopper)

아키텍처를 기반으로 GPU 성능을 지속적으로 개선하고, A100 및 H100과 같은 데이터센터용 GPU를 통해 대규모 언어 모델과 생성형 AI(Generative AI) 기술 발전을 이끌었다. 그의 비전과 기술 혁신은 AI 연구와 상업적 응용을 가속하며, AI 하드웨어 생태계 구축과 AI 기술의 대중화에 중추적인 역할을 했다.

반도체 기술의 진화와 AI 발전의 상관관계

반도체 기술은 무어의 법칙(Moore's Law)을 따라 지속적으로 발전해 왔다. 무어의 법칙은 인텔(Intel)의 공동 창립자인 고든 무어(Gordon Moore)가 1965년에 제시한 '동일한 면적의 반도체 칩에 집적할 수 있는 트랜지스터(Transistor)의 수가 약 18개월에서 24개월마다 두 배로 증가한다'라는 개념이다. 트랜지스터 수가 증가함에 따라 컴퓨팅 성능이 꾸준히 향상되고, 비용은 감소한다는 것을 의미한다. 무어의 법칙은 반도체 기술 발전의 역사적 추세를 보여 주며, 현대 기술 혁신의 근간을 형성했다. 현재 무어의 법칙은 물리적 한계에 직면해 있지만, 이를 극복하기 위한 다양한 기술적 혁신이 지속적으로 연구되고 있다.

데나드 스케일링(Dennard Scaling)은 1974년 아이비

엠(IBM)의 로버트 데나드(Robert H. Dennard)와 그의 동료들이 제안한 개념으로, 트랜지스터의 크기를 축소하면서도 전력 밀도를 일정하게 유지할 수 있다는 원칙을 설명한다. 데나드 스케일링은 반도체 집적 기술의 발전과 성능 향상에 크게 기여했다. 무어의 법칙과 데나드 스케일링은 반도체 기술의 발전에서 필수적인 요소로, 데나드 스케일링이 가능했기 때문에 무어의 법칙의 예측이 오랜 기간 유효할 수 있었다. 데나드 스케일링은 전압을 지속적으로 줄이는 것이 어려워지는 물리적 한계에 도달하면서 2000년대 중반부터 효과가 둔화했고, 무어의 법칙 진행 속도에 영향을 미쳤으며, 이후 반도체 산업은 트랜지스터 수 증가 대신 2.5D 및 3D 패키징, 칩릿(Chiplet), 이종 집적(Heterogeneous Integration) 등 새로운 접근법으로 성능 향상을 추구하고 있다.

현재 양산 중인 첨단 칩들은 3나노미터(nanometer, nm) 미세 공정 기술을 사용해 제작되고 있는데, 이 미세 공정 기술의 발전이 AI 알고리즘을 실행하는 데 필요한 연산 능력을 크게 향상했다. 또한 반도체 제조 공정의 혁신이 더 작고 효율적인 칩을 생산할 수 있게 했고, AI 시스템의 성능과 에너지 효율을 크게 개선했다.

한편 알고리즘의 발전, 특히 딥러닝과 기계학습 분야

의 알고리즘이 진보하며 병렬 처리 능력이 우수한 반도체 칩에 대한 수요가 급증했다. 그리고 이런 수요 증가는 기존 중앙 처리 장치(Central Processing Unit, CPU)를 넘어 GPU, 텐서 처리 장치(Tensor Processing Unit, TPU), 신경망 처리 장치(Neural Processing Unit, NPU)와 같은 AI 특화 칩의 개발로 이어졌다. 이러한 특화 칩들은 대규모 병렬 처리와 행렬 연산에 최적화되어 있어, AI 모델의 학습과 추론(Inference) 과정을 가속했다. 또한 AI 모델 복잡도가 증가함에 따라 메모리 대역폭과 용량에 대한 요구 사항도 함께 증가해 고대역폭 메모리와 같은 새로운 메모리 기술의 발전을 촉진했다.

AI 특화 반도체의 등장

AI 특화 반도체의 개발은 AI 기술 발전의 핵심 동력이 되었다. GPU와 TPU는 AI 작업량 가속화에 사용되지만, 설계 목적과 활용 방식에 차이가 있다. GPU는 원래 그래픽 처리에 최적화된 병렬 처리 하드웨어로, 다목적 연산과 딥러닝 학습 및 추론에 모두 적합하다. CUDA와 같은 프로그래밍 도구를 통해 파이토치(PyTorch), 텐서플로 등 다양한 머신러닝과 딥러닝 프레임워크를 지원하며, AI 외에도 게임, 그래픽 렌더링 등에 폭넓게 활용된다. 반면 TPU는 구글이 AI 모델, 특히 텐서플로에서의 행렬 연산과 텐서 연산 처리에 특화해 설계한 AI 전용 하드웨어 가속기로, 딥러닝 학습과 추론의 전력 효율과 성능을 극대화하도록 설계되었다.

GPU는 다목적 컴퓨팅 능력과 광범위한 호환성을 제공하지만, TPU는 특정 AI 작업, 예를 들면 대규모 추론 및 학습에서 더 높은 효율을 발휘한다. GPU는 데이터센터와 개인용 컴퓨터에서 광범위하게 사용되는 반면 TPU는 구글 클라우드와 같은 특정 환경에 주로 사용된다. 전력 소모 측면에서 TPU는 GPU보다 효율적이며, AI 모델 학습보다는 추론 작업에 더욱 강점을 발휘한다. 이러한 차이는 AI 작업의 특성과 요구 사항에 따라 적합한 AI 특화 반도체를 선택하는 기준이 될 수 있다.

NPU는 AI와 딥러닝 연산을 가속하기 위해 설계된 전용 프로세서로, 신경망의 행렬 연산 및 병렬 처리에 최적화되어 높은 성능과 전력 효율을 제공한다. 특히 스마트폰, 사물인터넷, 자율주행차 등 전력과 공간에 제약이 있는 온디바이스(On-Device) 환경에서 NPU는 얼굴 인식, 음성 인식, 사진 보정 등 실시간 AI 처리를 지원하며, 데이터 로컬 처리를 통해 개인정보 보호와 보안을 강화한다. GPU 및 TPU와 달리, NPU는 독립적인 반도체 칩으로 설계되기도 하지만 칩 안의 NPU 블록으로 포함되기도 하며, 소형화와 저전력 설계에 중점을 두고 있어 엣지 컴퓨팅(Edge Computing)과 온디바이스 AI를 위한 핵심 기술로 자리 잡고 있다.

AI 특화 칩의 등장으로 딥러닝과 기계학습 알고리즘의 훈련 및 추론 속도가 크게 향상되었다. AI 특화 칩은 더 복잡하고 정교한 AI 모델의 개발을 가능하게 했으며, 자연어 처리, 컴퓨터 비전, 음성 인식 등 다양한 AI 응용 분야의 발전을 촉진했다(정덕균, 2022). 예를 들어 이미지 인식 분야에서는 AI 칩의 성능이 향상되며 실시간 객체 탐지(Object Detection)와 분류가 가능해졌고, 이는 자율주행 차량, 보안 시스템, 의료 영상 분석 등의 분야에 혁신을 가져왔다. 또한 자연어 처리 분야에서는 대규모 언어 모델의 학습과 추론이 가능해져 챗지피티(ChatGPT)와 같은 혁신적인 AI 서비스의 등장을 이끌었다(방승찬, 2024).

반도체 산업에서의 AI 활용

AI 시스템은 반도체 설계 과정을 혁신하고 있다. AI 기반 전자 설계 자동화(Electronic Design Automation, EDA) 도구는 회로 설계, 레이아웃 최적화, 타이밍 분석 등의 작업을 자동화해 설계 주기를 단축하고 칩 성능을 향상한다. 엔비디아, 구글 등의 회사들이 AI 주도 EDA 도구를 활용해 설계 효율을 개선하고 있다.

AI 모델은 반도체 제조 공정에서 예측 유지 보수, 공정 최적화, 결함 감지 등을 통해 제조 효율을 높이고 비용을 절감한다. AI는 공정 파라미터를 실시간으로 최적화해 에너지 효율성을 높이고 환경 영향을 줄이는 데도 기여하고 있다. 예를 들어 AI 기반 예측 모델은 장비의 고장을 사전에 예측해 계획된 유지 보수를 가능하게 하고, 이는 생산 중단 시간을 최소화해 전체적인 생산성을 향상할 수 있다.

AI와 반도체의 공생

AI 기술의 발전은 고성능 반도체에 대한 수요를 급증시켰다. 2024년에는 AI 반도체 칩 판매가 전체 반도체 판매의 8.5%를 차지할 것으로 예상되며, 2027년까지 AI 칩 시장이 4천억 달러 규모로 성장할 것으로 전망된다(월간화학장치기술, 2024). 이러한 수요 증가는 데이터센터, 엣지 컴퓨팅 디바이스, 스마트폰 등 다양한 분야에서 나타나고 있다. 특히 대규모 언어 모델과 같은 고성능 AI 서비스 등장으로 고성능 GPU와 AI 하드웨어 가속기의 수요가 증가하고 있다. 증가하는 AI 가속기 수요는 반도체 기업들이 AI 특화 칩 개발에 더 많이 투자하도록 유도해, 결과적으로 AI와 반도체 산업 간의 상호 발전적 관계를 강화할 수 있을 것이다.

반도체 기술의 혁신은 AI 시스템의 성능을 지속적으로 향상할 수 있다. 더 작고 빠르며 에너지 효율적인 칩의 개발은 AI 모델의 훈련 및 추론 속도를 높이고, 더 복잡한 AI 서비스 개발을 가능하게 할 수 있다(MRL, 2024). 예를 들면 2.5D, 3D 패키지, 칩렛 및 이종 집적 기술은 반도체 설계의 효율성과 유연성을 높이고, AI, 고성능 컴퓨팅(High Performance Computing, HPC), 모바일 및 사물인터넷(Internet of Things, IoT) 같은 첨단 응용 분야에서 요구되는 성능과 전력 효율을 제공하기 위해 필수적인 기술로 자리 잡고 있다. 앞으로 이러한 기술은 더 정교하고 강력한 컴퓨팅 시스템의 기반이 될 것으로 예상된다.

다가오는 AI 반도체와 AI 기술의 융합

뉴로모픽 컴퓨팅(Neuromorphic Computing)은 인간 뇌의 신경 구조와 기능을 모방한 새로운 컴퓨팅 패러다임이다. 이 기술은 기존 AI 시스템보다 훨씬 적은 에너지로 복잡한 AI 작업을 수행할 수 있어, 엣지 컴퓨팅 응용에 유망하다(Impact Lab, 2024). 뉴로모픽 기술을 반도체로 뉴로모픽 칩은 연속적인 환경 인식, 실시간 센서 융합, 초저전력 컴퓨터 비전 등의 기능을 배터리로 구동되는 디바이스에서 가능하게 할 것으로 기대된다. 연구용 뉴로모픽 칩 개발은 IBM과 인텔이 선도하고 있다. 예를 들어 IBM의 트루노스(TrueNorth)와 노스폴(NorthPole), 인텔(Intel)의 로이히(Loihi)와 로이히 2(Loihi 2) 등의 뉴로모픽 칩이 개발되었고, 이러한 기술이 상용화된다면 향후 AI의 새로운 응용 분야를 열 것으로 예상된다. 또한 양자 컴퓨팅(Quantum Computing)과 AI의 결합도 미래의 중요한 연구 방향 중 하나로, 복잡한 최적화 문제나 암호화 분야를 혁신적으로 발전시킬 것으로 기대된다.

AI와 반도체 기술의 융합은 자율주행 자동차, 스마트시티, 개인화된 의료 서비스 등 다양한 산업 분야에 혁명적인 변화를 불러올 것으로 예상된다(이성용, 2024). 예를 들어 AI 기반 자율주행 기술은 교통 시스템을 혁신하고 도시 계획에 큰 변화를 불러올 것이다. 의료 분야에서는 AI 반도체를 활용한 개인화된 진단과 치료가 가능해져, 의료 서비스의 질을 향상할 것이다. 또한 AI 반도체의 발전은 에너지 효율을 높여 AI 산업의 탄소 발자국

(Carbon Footprint)을 줄이는 데 기여할 것으로 기대되며, 지속 가능한 기술 발전과 환경 보호라는 글로벌 과제에 대한 해결책을 제시할 수 있을 것으로 기대된다.

참고문헌

방승찬(2024.10.14). AI 반도체의 중요성과 미래 방향. ≪전자신문≫, https://www.etnews.com/20241014000134

월간화학장치기술(2024.9.2). AI 기술 진화와 반도체의 새로운 역할. ≪인더스트리 투데이≫, https://www.industrytoday.co.kr/news/articleView.html?idxno=11410

이성용(2024.10.7). 미래를 바꾸는 'AI 반도체'... 자율주행에서 의료까지, 전 산업에 파급 효과. ≪특허뉴스≫, https://www.e-patentnews.com/11873

정덕균(2022.2.25). 심층 신경망부터 맞춤형 반도체까지_ AI 반도체의 현황과 미래전망. SK Hynix Newsroom. https://news.skhynix.co.kr/post/current-and-future-of-ai-semiconductors

Impact Lab(2024). Neuromorphic computing: The future of AI hardware. https://www.impactlab.com/2024/07/13/neuromorphic-computing-the-future-of-ai-hardware/

Interbrand(2024). Best Global Brands Top 100. https://interbrand.com/best-global-brands/

LeCun, Y., et al.(2015). Deep learning. *Nature, 521*, 436-444.

MRL(2024.6.24). The role of semiconductor companies in the AI revolution. MRL Group.

https://www.mrlcg.com/resources/blog/the-role-of-semiconductor-companies-in-the-ai-revolution/

Vaswani A., et. al.(2017). Attention is all you need. 31st Conference on Neural Information Processing Systems, 6000-6010. https://dl.acm.org/doi/10.5555/3295222.3295349

01
AI의 등장과 반도체의 진화

신경망에 기반한 대규모 언어 모델 AI 기술의 등장으로 우리의 일상생활과 업무 환경이 엄청나게 변화하고 있고, AI 전용 반도체의 진화에 따라 AI 연산 속도가 비약적으로 향상되고 있다. AI와 반도체 기술의 융합은 클라우드 컴퓨팅, 자율주행, 스마트폰과 같은 혁신적인 기술의 근간이 되고 있으며, 21세기 디지털 전환 시대를 이끌고 있다.

AI와 1인 창업?

인공신경망 기반 AI의 발전

오늘날 인공지능(AI)은 인공신경망(Artificial Neural Networks) 학습에 기초해 설계된 다양한 심층 학습 또는 딥러닝 모델이다. 1943년 워런 맥컬럭(Warren McCulloch)과 월터 피츠(Walter Pitts)가 발표한 논문 "신경 작용에 내재한 개념에 대한 논리적 해석학(A Logical Calculus of Ideas Immanent in Nervous Activity)"에서 인공신경망의 가능성을 처음으로 주장했고, 1957년 프랭크 로젠블랫(Frank Rosenblatt)이 최초의 인공신경망 모델인 퍼셉트론(Perceptron)을 통해 이 주장을 실증했다. 퍼셉트론은 가중치(Weight)를 조정하기 위해 학습 방법을 사용했고, 인지가 가능하다는 관점에서 관심을 모았으나 AND, OR 논리 연산 등 선형 분리가 가능한 문제 해결에만 사용할 수 있었다. 이후 1969년 마빈 민스키(Marvin Minsky)와 시모어 페퍼트(Seymour Papert)는 저서 『퍼셉트론: 계산 기하학 개론(Perceptrons: An Introduction to Computational Geometry)』을 통해서 단층 퍼셉트론은 비선형 분리가 필요한 XOR(Exclusive OR) 연산이 불가능하지만 다층 퍼셉트론은 가능함을 보였다.

오늘날 가장 널리 사용되는 신경망 학습 방법인 오차

역전파(Error Backpropagation) 알고리즘은 1986년 제프리 힌턴 등이 발표한 논문에 의해서 체계화되었다(Rumelhart et al. 1986). 1998년 얀 르쿵과 그의 동료들은 다층 신경망에 합성곱층(Convolutional Layers)을 조합한 발전된 형태의 합성곱 신경망(Convolutional Neural Network, CNN)에 역전파 알고리즘을 사용해 손글씨 숫자 우편번호를 인식하는 르넷(LeNet) 모델을 소개했다. 그러나 숫자 10개를 학습하는 데 3일 정도 소요됨에 따라 실제 응용은 비현실적인 것으로 생각했다. 지속적인 연구를 통해 르쿵 등은 개선된 르넷-5(LeNet-5) 모델을 손 글씨 숫자 인식에 적용했다(LeCun et al. 1998).

딥러닝이란 용어는 2000년대 딥러닝의 중흥기를 태동시키고 이끌어 간 힌턴으로부터 본격적으로 시작했다. 힌턴은 기존 신경망의 과적합(Overfit) 문제를 해결하기 위해 비지도 제한된 볼츠만 기계(Unsupervised Restricted Boltzmann Machine)를 적용해 사전 훈련(Pre-training)해서 과적합을 방지했고, 이 개념을 지도 역전파(Supervised Backpropagation)가 사용하는 형태로 발전시켰다. 또한 드롭아웃(Dropout) 개념을 소개해 사전 훈련보다 더 간단하고 강력한 방식으로 과적합을 방지할 수 있게 되었다. 2012년 발표된 딥러닝 모델인 알렉스넷(Krizhevsky et al., 2012) 이후, 레즈넷(ResNet), 브이지지넷(VGGNet) 등 후속 딥러닝 모델들은 이미지 분류, 음성 인식, 자연어 처리 분야에서 큰 진전을 이루었다.

지금의 AI 기술 혁신을 가져온 AI 모델은 단연코 구글이 2017년 발표한 트랜스포머(Vaswani et al., 2017)일 것이다. 트랜스포머는 원래 언어 번역을 위해 개발되었지만, 대규모 언어 모델을 활용한 학습을 통해 컴퓨터 비전, 로보틱스, 계산 생물학 등 다양한 분야에서 최첨단 기술을 선도하고 있다. 챗지피티, 미드저니(Midjourney), 코파일럿(Copilot) 등과 같이 현재 우리 일상 생활을 파고든 주요 AI 모델 및 서비스 제품들은 모두 트랜스포머 기술에 기반을 두고 있다.

특히 오픈AI가 서비스하고 있는 최신 AI 모델인 챗지피티 4o의 대화형 AI 시스템은 우리의 일상생활과 업무 환경을 혁신하고 있다. 이러한 변화를 만들어 가는 수많은 연구자와 개발자가 있지만, 그중에서도 딥러닝 발전의 원천 기술에 공헌한 분들이 최근 전 세계 과학 분야 시선을 사로잡았다. 딥러닝 분야의 기틀을 닦고 발전에 기여한 공로로 2018년 컴퓨터 과학 분야의 노벨상이라

불리는 튜링상을 캐나다 토론토대학교 힌턴 교수, 몬트리올대학교 요슈아 벤지오 교수, 미국 뉴욕대학교 르쿵 교수가 공동으로 수상했다. 이뿐만이 아니다. 프린스턴대학교 존 홉필드(John Hopfield) 교수와 토론토대학교 힌턴 교수는 AI가 지닌 계산 능력의 핵심인 인공신경망 기반 기계학습을 가능케 한 원천적 발견을 한 공로로 2024년 물리학 분야 노벨상을 공동으로 수상했다.

반도체 기술의 눈부신 발전

현대 전자 산업의 근간을 이루는 핵심 요소인 반도체 기술은 지난 수십 년간 비약적인 발전을 이루었다. 1947년 미국의 벨 연구소(Bell Labs)에서 트랜지스터가 발명된 이래 트랜지스터는 전자의 흐름을 제어하는 소자로서 기존 진공관을 대체하며 컴퓨터와 전자 디바이스의 소형화와 효율화를 가능하게 했다. 이후 1958년 잭 킬비(Jack Kilby)에 의해 집적회로(Integrated Circuit, IC)가 개발되면서 수많은 트랜지스터를 하나의 칩에 집적할 수 있게 되었다. IC의 등장은 컴퓨터의 크기를 대폭 줄이는 동시에 계산 속도를 비약적으로 향상했으며, 오늘날 스마트폰, 노트북 컴퓨터, 웨어러블 디바이스까지 다양한 디지털 디바이스의 개발을 가능하게 한 기술적 토대가 됐다.

인텔의 공동 창업자 고든 무어는 1965년에 트랜지스터 집적도가 약 2년마다 두 배로 증가한다는 '무어의 법칙'을 제시했다. 이는 반도체 산업의 발전을 예측하는 중요한 지표로 자리 잡았으며, 지난 수십 년간 트랜지스터의 크기와 전력 소비를 줄이는 동시에 성능을 향상하는 데 크게 기여했다. 무어의 법칙은 IC에서 시작해 중앙 처리 장치(CPU), 그래픽 처리 장치(GPU)와 같은 고성능 칩의 발전에도 큰 영향을 미쳤다. 무어의 법칙에 따라 진화한 IC 덕분에 첨단 전자 디바이스들은 소형화와 에너지 효율성을 갖추게 되었다.

1980년대와 1990년대에 이르러 CPU와 GPU가 각각 개발되고 상용화되면서 반도체 기술의 활용 범위는 더욱 넓어졌다. CPU는 컴퓨터의 두뇌로서 복잡한 연산과 명령 처리를 담당하며, 특히 컴퓨터 소프트웨어의 모든 명령을 처리하는 핵심 역할을 한다. 또한 GPU는 병렬 연산에 특화되어 고해상도 그래픽 처리, 3차원 모델링, 그리고 최근에는 AI 모델의 학습과 추론 속도를 크게 향상하는 데 중요한 역할을 하고 있다.

오늘날 반도체 생산 기술은 나노미터(nm) 단위로 측정되는 초미세 공정 기술로 진화하고 있다. 예를 들어,

3nm 공정은 한 개의 칩 안에 2천억 개 이상의 트랜지스터를 집적할 수 있다. 초미세 공정으로 생산된 반도체 칩은 AI, 빅데이터, 자율주행과 같은 첨단 산업과 융합해 더욱 정교하고 강력한 성능을 제공하며, 우리의 일상뿐만 아니라 다양한 산업 분야를 혁신적으로 변화시키고 있다.

GPU와 AI의 만남

딥러닝의 초기 연구는 주로 CPU를 기반으로 연산을 수행했다. CPU는 복잡한 명령을 순차적으로 처리하는 데 최적화된 설계 덕분에 다양한 연산 작업을 처리할 수 있었다. 그러나 CPU는 병렬 처리 능력이 제한적이어서 대규모 데이터로부터 복잡한 딥러닝 모델을 학습하는 데 한계가 있었다. 이러한 한계는 딥러닝 실용화를 더디게 하는 요인으로 작용했다.

2012년 알렉스넷이 등장하면서 이 상황은 급격히 변화했다. 알렉스넷은 GPU를 사용해 이미지넷(ImageNet) 이미지 분류 대회에서 압도적인 성능을 기록하며 GPU의 대규모 AI 연산에 활용할 수 있는 가능성을 입증했다 (Krizhevsky et al., 2012). GPU는 수천 개의 코어를 활용한 병렬 연산이 가능하다는 점에서 딥러닝 모델 학습에 필요한 대규모 행렬(Matrix) 연산을 효율적으로 처리할 수 있었다. 이는 딥러닝 모델의 학습 시간을 이전 대비 수십 배 단축하는 결과를 가져왔으며, GPU는 AI 연구와 응용에서 필수적인 도구로 자리 잡았다.

특히 2017년 발표된 트랜스포머는 GPU의 병렬 처리 능력을 최대한 활용하도록 설계되었다. 챗지피티 4o와 같은 대규모 언어 모델이나 미드저니, 스테이블 디퓨전(Stable Diffusion)과 같은 생성형 AI 모델은 모두 GPU 기반 연산을 통해 실시간 성능을 구현하고 있다. 엔비디아는 이러한 GPU 혁신의 선두 주자로 자리 잡았다. 엔비디아의 고성능 GPU 하드웨어와 소프트웨어 스택인 쿠다(Compute Unified Device Architecture, CUDA) 기술은 딥러닝과 병렬 연산의 새로운 표준을 제시했다(NVIDIA, 2023). 엔비디아 GPU는 심층신경망(Deep Neural Networks) 학습에서부터 대규모 언어 모델의 실시간 추론까지 다양한 AI 응용 분야에서 뛰어난 성능을 발휘하고 있다.

AI 전용 반도체의 출현

현재 AI 학습과 추론을 위한 데이터센터용 반도체 시장은 엔비디아 GPU가 독점하고 있다. 빅테크 기업들은 엔비디아의 독점에서 벗어나고자, GPU보다 데이터 병렬성과 행렬 연산에 최적화된 구조를 가지며 에너지 효율을 개선한 AI 하드웨어 가속기(Hardware Accelerator) 칩을 설계해 활용하고 있다. 구글의 텐서 처리 장치(TPU)가 대표적인 AI 전용 하드웨어 가속기다(Jouppi et al., 2017). 구글 TPU 외에도 아마존웹서비스(Amazon Web Services, AWS)의 트레이니엄(Trainium)과 인퍼런시아(Inferentia) 칩 등 빅테크 회사에서 자체 설계한 AI 전용 하드웨어 가속기인 신경망 처리 장치(NPU)를 개발해 활용하고 있다. 구글 TPU나 아마존웹서비스 트레이니엄 및 인퍼런시아는 클라우드(Cloud) 기반 AI 서비스에서 뛰어난 성능과 효율성을 제공하며, 대규모 분산 AI 모델의 학습과 추론 작업에 널리 활용되고 있다.

AI 산업이 성장하면서 데이터센터에 탑재할 자체 AI 반도체를 개발하는 빅테크 기업 사례가 증가하고 있으며, IT 인프라를 운영하는 엔터프라이즈 시장이 확대될수록 새로운 NPU를 개발하는 회사도 점차 증가하는 추세다. 대표적인 회사로 '반도체 설계의 전설' 짐 켈러(Jim Keller)가 이끄는 캐나다의 텐스토렌트(Tenstorrent)가 AI 하드웨어 가속기 시장에서 주목을 받고 있고, 국내에서도 퓨리오사AI(FuriosaAI), 리벨리온(Rebellions) 등이 추론에 특화된 NPU 칩을 개발하고 있다.

이와 같이 AI 전용 반도체는 대규모 언어 모델 기반 AI의 연산 속도를 비약적으로 향상하고 있다. 또한 AI와 반도체 기술의 융합은 클라우드 컴퓨팅, 자율주행, 스마트폰과 같은 혁신적인 기술의 기반이 되고 있으며, 21세기 디지털 전환 시대의 발전을 이끌고 있다.

참고문헌

Jouppi, N. P., et al.(2017). In-datacenter performance analysis of a tensor processing unit. Proceedings of the 44th Annual International Symposium on Computer Architecture (ISCA). https://dl.acm.org/doi/10.1145/3079856.3080246

Krizhevsky, A., et al.(2012). ImageNet classification with deep convolutional neural networks. *Advances in Neural Information Processing Systems*, 25.

LeCun, Y., et al.(1998).Gradient-based learning applied to document recognition. *Proceedings of the IEEE, 86*, 2278-2324.

NVIDIA(2023). Why GPUs Are Great for AI. NVIDIA Blog. https://blogs.nvidia.com/blog/why-gpus-are-great-for-ai

Rumelhart, D. E., et al.(1986). Learning representations by back-propagating errors. *Nature, 323*, 533-536.

Vaswani A., et al.(2017). Attention is all you need. 31st Conference on Neural Information Processing Systems, 6000-6010. https://dl.acm.org/doi/10.5555/3295222.3295349

02
AI를 위한 반도체 설계

심층신경망에 기반을 둔 AI 모델의 학습과 추론을 효율적으로 지원하는 데서 CPU, GPU 등 기존 범용 반도체 구조 및 설계는 AI 연산 외 부분에서 성능이 낭비되고, 전력 소모, 고비용 등 비효율적인 요소가 있다. 특히 대규모 언어 모델에 기반한 AI 모델의 학습과 실시간 추론은 방대한 데이터와 복잡한 연산 처리를 요구하므로 병렬 처리, 에너지 효율성, 그리고 AI 작업량에서 성능 향상을 만족할 수 있는 최적화된 AI 전용 반도체 설계가 필요했다.

AI와 MBTI?

AI 반도체 구분

AI 기술은 자율주행차, 헬스케어, 금융, 로보틱스 등 다양한 산업뿐만 아니라 우리 일상생활 속에서도 혁신을 이끌고 있다. 이러한 기술적 진보의 중심에는 중앙 처리 장치(CPU), 그래픽 처리 장치(GPU), 프로그래밍할 수 있는 반도체 칩(Field-Programmable Gate Array, FPGA)와 신경망 처리 장치(NPU) 같은 시스템 반도체와 이를 활용해 구축한 데이터센터가 자리하고 있다.

AI 모델 학습과 추론을 위한 대규모 데이터의 연산 성능, 전력 소모, 비용 등을 최적화한 프로세서 또는 시스템 반도체를 AI 반도체라고 할 수 있다(송근혜 외, 2023). AI 반도체는 응용 분야에 따라 크게 데이터센터용과 온디바이스(On-device)용 또는 엣지 디바이스(Edge Device)용으로 구분한다. 데이터센터용 AI 반도체는 다시 학습용과 추론용으로 분류할 수 있으며, 온디바이스용은 자율주행차, 로봇, 스마트폰 등에 사용되는 AI 반도체로 세분된다. 또한 기술의 진화에 따라 AI 반도체를 세대별로 구분할 수도 있다. 1세대 AI 반도체는 CPU와 GPU를 일컫는다. 1세대 프로세서의 대표 격인 엔비디아 GPU는 AI 알고리즘을 고속으로 처리할 수 있는 성능을 갖추었으나, 범용 프로세서로서 AI 연산 외의 부분에서 성능 낭비, 낮은 전력 효율 등의 한계가 있다. AI 기술이 빠르게 발전하고 AI 모델 크기가 점점 거대해짐에 따라 고속 연산 성능 수요도 급속도로 증가하면서 사람의 뇌처럼 수많은 데이터를 병렬로 처리함과 동시에 에너지 효율과 고속 연산이 가능한 AI 하드웨어 가속기가 필요해졌다.

연산 고속화를 위해서 프로세서 구조를 최적화한 FPGA와 주문형 반도체(Application-Specific Integrated Circuit, ASIC)를 2세대 AI 반도체로 부른다. ASIC 방식으로 설계 및 제작되는 NPU가 대표적인 2세대 AI 반도체다. GPU와 비교해 높은 전력 효율, 우수한 발열 관리와 낮은 비용을 갖추었다. GPU와의 경쟁을 위해 여러 팹리스(Fabless) 스타트업이 NPU를 상용화 또는 개발하는 단계에 있다. 캐나다의 텐스토렌트, 영국의 그래프코어(Graphcore) 등이 NPU 개발을 활발하게 진행하고 있다. 구글의 데이터센터 전용 TPU, 테슬라(Tesla)의 전기자동차용 D1 칩 등 미국의 빅테크 기업들도 자체 칩을 개발해 활용하고 있다.

1세대와 2세대 AI 반도체가 범용 컴퓨터 구조인 폰 노이만(Von Neumann) 방식에 기반을 두고 있다면, 3세대 AI 반도체로 불리는 뉴로모픽(Neuromorphic) 반도체는 비 폰노이만(Non-Von Neumann) 구조로서 사람 뇌의 뉴런(Neuron)과 시냅스(Synapse) 구조를 모방해 구현한 차세대 AI 반도체다. 선도 대학교와 기업이 연구해 기술력을 축적하고 있다. 뉴로모픽 반도체의 대표적인 예는 스탠퍼드대학교의 뉴로그리드(Neurogrid)(Benjamin et al., 2009), 아이비엠(IBM)의 트루노스(TrueNorth)(Akopyan et al., 2015)와 노스폴(NorthPole)(Ottari, 2023), 그리고 인텔의 로이히(Loihi)와 후속 칩 로이히 2(Loihi 2)(Shrestha et al., 2024) 등이 있다.

그래픽 처리 장치, GPU

GPU는 병렬 처리 능력이 뛰어나 딥러닝 모델의 학습에 없어서는 안 될 핵심 AI 하드웨어 가속기로 자리 잡았다. GPU는 원래 그래픽 렌더링과 게임을 위해서 복잡한 이미지와 비디오 데이터를 실시간으로 처리하도록 설계되었다. 엔비디아의 최초 GPU는 1999년에 출시한 지포스(GeForce) 256이다. 이 제품은 주로 고성능 개인용 컴퓨터(Personal Computer, PC) 게임에 사용되었으며, 다각형 연산, 텍스처 매핑 등 그래픽 관련 작업을 가속했다.

CPU는 소수의 고성능 코어로 구성돼 순차적 연산에 강점을 갖지만, GPU는 수천 개의 작은 코어로 구성돼 병렬 연산에 특화되어 있다. 이러한 코어들은 동시에 작업을 처리할 수 있는 병렬 구조로 설계되어 행렬 연산과 같은 복잡한 연산 작업을 빠르게 실행한다. 이러한 특성은 GPU가 딥러닝 모델 학습과 같은 대규모 병렬 작업에, CPU가 데이터 흐름 제어와 같은 일반적인 연산에 각각 적합한 이유다. 예를 들어 엔비디아 GPU는 알렉스넷과 같은 초기 딥러닝 모델의 성공을 가능하게 했으며 (Krizhevsky et al., 2012), 이후 GPU는 병렬 연산 성능과 고대역폭 메모리를 활용한 대규모 데이터 처리에서 효율성을 극대화해 챗지피티, 스테이블 디퓨전과 같은 생성형 AI 모델에서도 학습과 추론의 핵심적인 역할을 한다.

프로그램할 수 있는 반도체 칩, FPGA

FPGA는 프로그래밍이 가능한 반도체 칩으로 사용자가 집적회로를 설계하고 재구성할 수 있는 특성이 있어, AI 추론 과정에서 높은 유연성과 에너지 효율을 제공한다. FPGA의 구조는 재구성이 가능한 로직 블록, 입력 및 출력 블록과 다양한 배선 설정으로 구성되어 있으며, 사용자가 특정 작업에 최적화된 하드웨어 설계를 구현할 수 있도록 설계되었다. 이러한 특징은 범용 반도체와 달리 특정 AI 작업량에 맞는 고성능 솔루션을 제공한다.

FPGA는 특히 전력 효율성이 중요한 엣지 디바이스에서 주목받고 있다(아담 테일러, 2022). 인텔의 FPGA 스트라틱스 10(Stratix 10)은 신호 처리와 딥러닝 모델 추론을 동시에 지원하며, 실시간 데이터 처리 성능을 극대화한다. 또한 FPGA는 개발자가 설계를 자유롭게 변경할 수 있어 새로운 AI 모델이나 알고리즘이 등장할 때도 빠르게 대응할 수 있는 장점이 있다. 마이크로소프트(Microsoft)의 애저(Azure)는 스트라틱스 10을 활용해 클라우드 기반 AI 서비스 추론 속도를 크게 향상했다(HPC Wire, 2017). 또 자일링스(Xilinx)의 버살(Versal) 플랫폼은 자동차의 라이다(LiDAR) 데이터 분석에 활용됐으며, 실시간 경로 최적화를 가능하게 했다(Chiappetta, 2021). 이와 같이 FPGA는 유연성과 고성능을 동시에 제공하며 다양한 응용에서 점차 중요해지고 있다.

신경망 처리 장치, NPU

NPU는 신경망 연산에 특화된 구조로 설계된 반도체로, AI 추론 작업에서 높은 성능과 효율을 발휘한다. NPU는 최근 클라우드 서비스 및 엣지 컴퓨팅 AI 응용 분야에서 두드러진 성과를 보여 준다. 구글의 텐서 처리 장치(TPU)는 NPU의 대표적인 예다. TPU는 대규모 클라우드 서비스에서 딥러닝 학습과 추론 속도를 최적화하기 위해 설계되었으며 구글 데이터센터 서버에 활용하고 있다. 특히 2016년 3월 이세돌 구 단과 바둑 대결에서 승리한 구글 딥마인드가 만든 인공지능 알파고의 학습과 추론에 TPU를 적용한 것으로 알려졌다. 또한 구글 코랄 엣지(Coral Edge) TPU는 저전력 환경에서 AI 모델의 추론을 위해 설계되어 스마트 홈 디바이스나 소형 사물인터넷(Internet of Things, IoT) 디바이스에서 널리 사용되고 있다. 인텔의 모비디우스(Movidius)는 엣지 컴퓨팅 환경에서 활용되고 있다(Hochstetler et al., 2018).

최근 스마트폰의 애플리케이션 프로세서(Application Processor, AP) 또는 시스템 온 칩(System on Chip, SoC)은 AI 응용 프로그램의 실행 속도를 향상하기 위해 NPU 블록을 내장하고 있다. 애플(Apple)의 A 시리즈, 퀄컴(Qualcomm)의 스냅드래곤(Snapdragon) 8 시리즈, 삼성의 엑시노스(Exynos) 2000 시리즈 등의 AP 안에 있는 NPU 블록은 스마트폰의 AI 연산 성능을 크게 향상한다. 이러한 사례는 NPU가 스마트폰 등 온디바이스의 AI 연산의 핵심 역할을 담당하고 있음을 잘 보여 준다.

참고문헌

송근혜 외(2023). AI반도체 산업 분석 : 주요 기업 및 제품을 중심으로. 한국전자통신연구원, https://ksp.etri.re.kr/ksp/plan-report/file/1369.pdf

아담 테일러(2022.12.2). FPGA로 AI와 ML을 구현하는 방법. ≪THEELEC≫, https://www.thelec.kr/news/articleView.html?idxno=18989

Akopyan, F., et al.(2015). TrueNorth: Design and tool flow of a 65 mW 1 million neuron programmable neurosynaptic chip. IEEE Trans. Comput.-Aided Desgin Integr. Circuits Syst., 34(10), 1537-1557.

Benjamin, B. V., et al.(2014). Neurogrid: A mixed-analog-digital multichip system for large-scale neural simulations, Proc. IEEE, 102(5), 699-716.

Chiappetta, M.(2021). Xilinx expands Vitis AI development platform to support latest Versal ACAP and Kria SOM devices. ≪Forbes≫, https://www.forbes.com/sites/marcochiappetta/2021/07/23/xilinx-expands-vitis-ai-development-platform-to-support-latest-versal-acap-and-kria-som-devices/

Hochstetler, J., et al.(2018). Embedded Deep Learning for Vehicular Edge Computing. IEEE/ACM Symposium on Edge Computing.

HPC Wire(2017). Microsoft-Intel unveil FPGA driven project Brainwave, https://www.hpcwire.com/2017/08/23/microsoft-intel-unveil-fpga-driven-project-brainwave/

Krizhevsky, A., et al.(2012). ImageNet classification with deep convolutional neural networks. Advances in Neural Information Processing Systems. https://proceedings.neurips.cc/paper/2012

Ottari, F.(2023). NorthPole, IBM's Latest Neuromorphic AI Hardware. Open Neuromorpic. https://open-neuromorphic.org/blog/northpole-ibm-neuromorphic-ai-hardware/

Shrestha, S. B., et al.(2024). Efficient video and audio processing with Loihi 2. IEEE International Conference on Acoustics, Speech and Signal Processing (ICASSP).

03
AI 가속기 들여다보기

AI 하드웨어 가속기의 구조적 특징 중 하나는 행렬 연산의 최적화 설계다. 딥러닝 모델에서 행렬 곱셈 누적은 신경망에서 입력층으로부터 출력층까지 뉴런의 입력과 연결 강도를 계산해 예측값을 얻는 핵심 연산으로, AI 모델이 데이터를 학습하고 패턴을 인식하는 데 필수다. 대표적인 데이터센터용 AI 가속기인 엔비디아 GPU와 구글 TPU는 대규모 곱셈 누적 연산을 병렬로 처리할 수 있도록 특화된 구조다.

AI와 난임 극복?

대규모 병렬 연산의 선두 주자, GPU

그래픽 처리 장치(GPU)는 AI 모델 학습에 필수적인 병렬 연산을 지원하며, 높은 연산 처리 능력을 제공한다. 데이터센터에서 AI 하드웨어 가속기(Hardware Accelerator)용 서버 구성에는 엔비디아의 GPU가 대다수를 차지한다. 최근 가장 많이 사용하는 엔비디아 H100 GPU 구조(Andersch et al., 2022)를 들여다보자.

데이터센터 서버 기준 보통 8장의 GPU 보드가 한 개의 서버를 구성하며, 각 GPU는 엔비디아가 CPU와 GPU, GPU 간의 데이터와 제어 코드 전송을 위해 개발한 엔브이링크(NVLink)를 통해 서로 통신한다. GPU는 연산 단위로 여러 개의 스트리밍 멀티프로세서(Streaming Multiprocessor, SM)로 구성된다. H100 GPU의 경우 144개로 구성된 SM은 각각 공유 메모리(Shared Momory), 캐시(Cache), 연산코어(Compute Cores)를 갖고 있으며, 병렬 처리할 수 있는 작업을 할당받아 실행한다. 텐서코어(Tensor Core)로 명명한 연산 코어는 행렬의 곱셈과 덧셈을 누적해 한꺼번에 실행하는 곱셈 누적(Multiply-Accumulate, MAC)에 최적화되어 있어, 합성곱(Convolution) 연산 등 AI 연산에 특화된 혼합 정밀도를 지원해 정확도를 유지하면서 계산량을 높일 수 있다.

메모리의 경우, L1 데이터 캐시(Data Cache)와 공유 메모리를 하나의 블록으로 통합해 성능을 향상한다. 즉, 동적으로 L1 데이터 캐시와 공유 메모리의 크기를 조절해 전체적으로 캐시 메모리가 더 큰 용량인 것처럼 사용해서 연산 성능을 높인다. 고성능 병렬 프로그램을 실행하기 위해서 데이터 지역성(Data Locality)과 비동기 실행(Asynchronous Execution)이 중요하다. 데이터 지역성은 데이터를 실행하고자 하는 실행 유닛 근처에 놓아서 낮은 지연 시간과 더 높은 대역폭을 달성하는 방법이고, 비동기 실행을 통해서 각각의 독립적인 작업이 메모리와의 데이터 전송과 실제 계산 시간을 겹치도록 해서 GPU 사용률을 최대한 높일 수 있다. 이러한 목적을 달성하기 위한 것이 스레드 블록 클러스터(Thread Block Cluster)인데, 이 클러스터는 SM 그룹에서 동시에 실행되도록 보장된 스레드 블록의 모음이다. 스레드 블록 클러스터는 메모리 접근을 위한 협업 기능도 갖고 있는데, 클러스터를 사용해 모든 스레드가 로드(Load), 저장(Store)과 원자적 연산(Atomic Operations)을 통해 다른 SM의 공유 메모리에 직접 접근할 수 있다. 텐서 메모리 가속기(Tensor Memory Accelerator)는 호퍼 구조(Hopper

Architecture)에 기반해 설계된 H100에 새로 탑재된 기능으로, 텐서코어 연산에 데이터를 공급하기 위해 전역 메모리와 공유 메모리 사이의 데이터 이동을 가속하는 역할을 한다(문기효, 2024).

행렬 연산 최적화의 대명사, TPU

텐서 처리 장치(TPU)는 구글에서 커스텀 개발한 주문형 반도체(ASIC)다. 다시 말해서, TPU는 딥러닝 모델 학습과 추론을 위해 설계된 전용 AI 하드웨어 가속기다. TPU는 딥러닝 알고리즘에서 자주 쓰이는 대규모 행렬 연산(Massive Matrix Operations)을 실행하도록 설계된 하드웨어를 사용해 모델을 더욱 효율적으로 학습시킨다. 또한 TPU는 온칩(On-Chip) 고대역폭 메모리(HBM)를 통해 더 큰 모델과 배치 크기(Batch Size)를 사용할 수 있을 뿐만 아니라 코드 변경 없이 작업량을 확장하는 포드(Pods)라는 그룹으로 묶을 수 있다.

구글의 클라우드 TPU는 신경망 연산 부하에 특화된 행렬 프로세서로서 주 임무는 곱셈 누적 연산이 조합된 행렬 처리다. TPU 칩은 한 개 이상의 텐서코어를 포함하는데, 텐서코어 수는 TPU 칩 버전에 따라 다르다. 각 텐서코어는 한 개 이상의 행렬 곱셈 장치(Matrix-Multiply

Units, MMU), 벡터 장치(Vector Unit), 스칼라 장치(Scalar Unit)로 구성된다(Jouppi et al., 2020). MMU에는 대규모 행렬을 형성하기 위해 수천 개의 곱셈 누산기(Multiply-Accumulators)가 서로 직접 연결되어 있는데, 이러한 방식을 시스톨릭 배열 구조(Systolic Array Architecture)라 부른다. 구글은 2024년에 트릴리움(Trillium)으로 명명한 6세대 TPU(TPU v6)를 발표했다. TPU v6는 한 개의 MMU 내에 256 × 256개의 곱셈 누산기를 갖고 있지만, 이전 세대 버전까지는 한 개의 MMU내에 128 × 128개가 있었다. 따라서 MMU는 텐서코어에서 더 높은 연산 성능을 제공한다. 예를 들면 각 MMU는 주기당 16K 또는 65K 곱셈 누산 작업을 수행할 수 있다. 벡터 장치는 시그모이드(Sigmoid), 소프트맥스(Softmax), 렐루(ReLU) 등 신경망의 활성화 함수(Activation Function)와 같은 일반적인 연산에 사용하고, 스칼라 장치는 제어 흐름(Control Flow), 메모리 주소 계산, 기타 유지 보수 연산 등에 사용한다(Google Cloud, 2024).

TPU v6는 5세대 TPU v5e 대비 칩당 최대 컴퓨팅 성능은 4.7배 향상되었고, 에너지 효율은 67% 이상 개선했을 뿐만 아니라, HBM 용량과 대역폭은 두 배로, 인터칩 인터커넥트(Interchip Interconnect, ICI) 대역폭도 두 배로 늘렸다. TPU v6에는 고급 순위 지정과 추천 작업량에서 일반적으로 사용되는 초대형 임베딩 처리용 특수 가속기인 3세대 스파스코어(SparseCore)가 탑재됐다. 또한 포드(Pod)당 최대 256개의 TPU 칩으로 확장할 수 있으며, 멀티슬라이스(Multislice) 기술과 구글의 작업량 최적화 하드웨어/소프트웨어 오프로드 아키텍처인 타이타늄(Titanium)의 지능 처리 장치(Intelligence Processing Units, IPU)를 통해 수백 개의 포드로 확장할 수 있다(Vahdat, 2024).

메모리 대역폭과 AI 연산 효율

AI 가속기의 성능은 메모리 대역폭의 한계와 밀접한 관련이 있다. CPU, 주기억 장치, 그리고 입출력 장치의 3단계 구조로 이루어진 전통적인 프로그램 내장형 컴퓨터 구조인 폰 노이만(Von Neumann) 방식은 메모리와 연산 장치 사이의 데이터 전송 속도 한계로 병목현상(Bottleneck Effect)이 발생하는데, 이를 폰 노이만 병목현상이라 한다. 대규모 데이터 처리가 필요한 AI 모델 연산에서 병목현상은 연산 효율을 크게 저하할 수 있다.

데이터센터 서버에서 대규모 AI 모델을 학습하고 추론하기 위해서는 방대한 양의 데이터 처리가 필요하고,

이를 위해 엄청난 양의 메모리가 필요하다. 메모리 용량이 늘어나면 AI 하드웨어 가속기 칩과 칩 사이의 지연을 감소시킬 수 있다. 서버용 GPU와 TPU는 데이터 이동 병목현상을 해결하기 위해 메모리와 칩을 더 가깝게 연결하는 첨단 패키징 기술을 적용하고, 비용이 많이 들지만 지연을 최소화하기 위해 HBM을 사용하고 있다. HBM은 기존 서버에서 사용되던 이중 데이터 속도(Double Data Rate) DRAM(Dynamic Random Access Memory)에서 발전한 형태로 4개, 8개 또는 12개의 DRAM 칩을 3차원으로 적층했다. 따라서 HBM은 더 많은 저장 용량과 I/O(Input/Output) 단자를 확보해 고대역폭으로 데이터 처리 효율을 높인 DRAM이다.

서버용 GPU와 TPU는 칩 옆에 여러 개의 HBM을 실리콘 인터포저(Silicon Interposer)로 연결하는 2.5차원(2.5D) 패키징으로 시스템을 구성해 연산 장치와 메모리 사이의 데이터 전송 속도를 극대화했다. 엔비디아의 H100 GPU는 초당 3,000기가바이트(GB/s)의 메모리 대역폭을 제공하며, 구글 6세대 TPU는 초당 1,640기가바이트(GB/s)를 제공한다.

참고문헌

문기효(2024). 생성형 AI 개발을 위한 NVIDIA GPU 아키텍처의 이해. 삼성 SDS 인사이트 리포트, https://www.samsungsds.com/kr/insights/nvidia-gpu-architecture.html

Andersch, M. et al.(2022). NVIDIA Hopper architecture in-depth. NVIDIA Developer Blog, https://developer.nvidia.com/blog/nvidia-hopper-architecture-in-depth/

Google Cloud(2024). Introduction to cloud TPU. Google Cloud Document, https://cloud.google.com/tpu/docs/intro-to-tpu

Jouppi, N. P., et al.(2020). A domain specific supercomputer for training deep neural networks. *Communications of the ACM, 63*(7).

Vahdat, A.(2024). Announcing Trillium, the sixth generation of Google cloud TPU. Google Cloud Blog. https://cloud.google.com/blog/products/compute/introducing-trillium-6th-gen-tpus

04
AI 학습과 추론을 위한 반도체

대규모 언어 모델 AI의 핵심은 학습과 추론이다. 학습 과정에서는 수억 개에서 수조 개의 연결 강도를 업데이트하기 위해 복잡한 연산을 반복적으로 수행해야 하며, 고성능 AI 반도체 지원이 필수다. 반면 추론 과정은 이미 학습된 AI 모델을 사용해 새로운 데이터에 대한 예측이나 결정을 내리는 과정이며, 학습 과정에 비해 가벼운 연산을 하므로 상대적으로 낮은 성능의 AI 반도체를 사용할 수 있다.

AI와 사주?

AI 모델 학습과 추론의 차이점

사람의 두뇌는 다양한 정보와 지식을 축적하는 학습과, 학습한 지식에 기반해 새로운 정보에 대한 결과를 스스로 유추해 내는 추론 과정을 통해 지능을 구축한다. 심층신경망에 기반한 심층학습(또는 딥러닝)도 사람 두뇌의 학습과 추론 과정을 모방해 AI를 구현한다(NVIDIA, 2016).

대규모 언어 모델로 이루어진 AI 모델 학습은 적게는 수억 개에서 많게는 수조 개를 갖는 심층신경망 연결 강도(Weight)를 업데이트하기 위해 대규모 훈련 데이터 집합을 사용해 반복적 연산을 실행하는 과정이다. 학습 횟수도 수만 회가 넘는 예도 있어 고성능 AI 반도체와 메모리의 지원이 필수다. 학습에 필요한 대규모 훈련 데이터 집합은 정형이거나 비정형, 즉 레이블이 지정된 데이터(Labeled Data)이거나 레이블이 지정되지 않은 데이터(Unlabeled Data)일 수 있다. 레이블이 지정된 데이터는 레이블이나 범주가 지정된 데이터다. 예를 들면 감정을 긍정적인지, 부정적인지 또는 중립적인지를 기준으로 분류한 고객 데이터 집합이다. 데이터의 레이블 지정은 보통 사람이 수행하며 AI 모델의 지도학습에 필수적이다. 반면에 레이블이 지정되지 않은 데이터는 데이터

포인트의 분류 또는 범주를 알 수 없다. 이러한 데이터의 한 예는 이미지의 내용을 나타내는 레이블이 없는 이미지 데이터 집합이다. 레이블이 지정되지 않은 데이터는 비지도학습에 사용한다.

한편 추론 과정은 학습 과정의 다음 단계로, 충분히 학습된 AI 모델에 새로운 데이터를 입력받아 답을 유추해 내는 과정이다. 추론에 사용하는 AI 모델의 예는 지피티(Generative Pre-trained Transformer, GPT)와 같은 생성형 AI 모델이며, 이름에서 알 수 있듯이 이미 대규모 데이터 집합을 사전에 학습했기 때문에 문장의 흐름과 문맥을 이해해 다음 단어를 예측할 능력을 갖춘 대규모 언어 모델이다. 오늘날 우리가 사용하는 챗지피티는 GPT를 기반으로 만든 대화형 AI 서비스의 한 예다. AI 모델은 미세조정(Fine-tuning)을 통해 추가적인 학습을 수행하면 더 나은 추론 결과를 얻을 수 있다(Appen, 2024).

자율주행 자동차에 장착된 AI 모델을 한 예로 들어 학습과 추론 과정을 살펴보자. 자율주행용 AI 모델 개발자는 수천 또는 수백만 개의 교통 표지판 이미지 데이터 집합을 AI 모델에 미리 학습시킨다. 이 과정이 바로 학습이다. 학습된 AI 모델을 자동차에 장착하고 보조 운전자와 함께 실제 도로를 주행하면서 새로운 교통 표지판 이미지, 즉 모델 학습 과정에서 다루지 않는 새로운 이미지 데이터 집합을 사용해 미세조정을 거친다. 미세조정까지 마친 AI 모델이 자동차에 장착된 뒤 한 번도 주행한 적이 없는 도로에서 시속 30km로 주행하라는 교통 표지판을 인식하는 과정이 추론이다.

대규모 언어 모델과 반도체 기술

2000년대 이전까지는 중앙 처리 장치(CPU) 중심의 컴퓨터 연산 능력의 한계 때문에 신경망의 크기, 즉 뉴런 간의 연결 강도를 나타내는 가중치(Weight)와 뉴런의 활성화 함수를 조정하는 바이어스(Bias)로 구성된 매개변수(Parameter)의 개수를 늘리는 데 한계가 있었다. 2010년대부터 그래픽 처리 장치(GPU)가 신경망 훈련에 도입되면서 AI 모델과 반도체의 본격적인 협업이 시작되었다.

2017년 구글이 AI 혁신을 주도하는 대규모 언어 모델 '트랜스포머'를 제시한 이후, 생성형 AI 모델은 트랜스포머를 기반으로 모델의 매개변수도 더 많고, 텍스트, 이미지, 오디오, 비디오 등 다양한 유형의 데이터를 고려한 다중 양상(Multi-modal) 및 특정 작업에 최적화된 다양한 종류의 파운데이션(Foundation) 모델로 발전해 왔다. 잘 알려진 몇몇 파운데이션 AI 모델은 2018년 구글이 발표한 버트(BERT)와 오픈AI가 2020년에 발표한 GPT-3, 그리고 2023년에 발표한 GPT-4, 구글의 제미나이(Gemini), 메타의 라마(LLaMA) 등이 있다. 이와 같은 거대한 크기의 파운데이션 AI 모델이 성공적으로 등장하게 된 배경에는 오픈AI가 발표한 흥미로운 논문 "신경망 언어 모델을 위한 스케일링 법칙(Scaling Laws for Neural Language Models"(Kaplan et al., 2020)이 있다. 이 논문은 트랜스포머 모델의 매개변수 크기, 데이터 집합 크기, 그리고 연산 자원(Computing Resources)과 모델 성능 사이에 스케일링 법칙이 존재함을 발견했다. 스케일링 법칙은 AI 모델 매개변수 크기가 클수록, 학습에 사용되는 데이터 집합이 많을수록, 더 많은 연산 자원을 투입할수록 AI 모델의 성능을 개선할 수 있다는 것이다. 대규모 언어 모델의 성능 향상을 위한 체계적인 접근 방식을 제시한 이 논문의 영향이 이후 AI 모델 크기를 키우는 방향으로 대규모 언어 모델의 개발 트렌드를 이끌었다.

스탠퍼드대학교의 "인공지능 인덱스 보고서 2024(Artificial Intelligence Index Report 2024)"에 따르면(Stanford HAI, 2024), AI 모델을 학습시키기 위해 엄청

난 비용을 쏟아붓고 있음을 확인할 수 있다. 예를 들면 2017년에 최초의 트랜스포머를 학습시키기 위해 투입된 비용은 약 900달러 정도였으나, 1,750억 개의 매개변수를 갖고 있는 GPT-3는 약 430만 달러, GPT-4는 약 7800만 달러 정도로 추정하고 있다. 또한 AI 모델 학습에 일반적으로 수십 개에서 수천 개의 GPU가 사용되며, 학습 시간 또한 모델의 크기 및 훈련 데이터 집합의 규모에 따라 수일에서 수주일까지 소요되는 것으로 알려져 있다.

최근 몇 년간 대규모 언어 모델 중심으로 일어난 눈부신 AI 기술 혁명은 GPU, NPU와 같은 AI 가속기 반도체 성능 향상과 밀접한 관련이 있다. 엔비디아의 GPU 제품군은 2017년 출시된 V100부터 2024년 출시된 B100까지 세대마다 혁신적인 기술을 도입하며 발전해 왔다. V100은 최초로 텐서코어를 도입해 16비트 부동 소수점 형식(Floating Point 16, FP16) 정밀도에서 시스템 구성에 따라 초당 125테라(10^{12}) 부동 소수점 연산(Tera Floating-point Operations Per Second, TFLOPS)의 성능을 제공한다. 이어서 2020년 출시된 A100은 3세대 텐서코어를 탑재하고 최대 80기가바이트(GB)의 고대역폭 메모리 HBM2e를 지원해 효율성을 극대화했다. 2022년 출시된 H100은 4세대 텐서코어와 트랜스포머 엔진을 도입해 AI

성능을 크게 향상했으며 최대 80GB HBM3 메모리를 갖추고 있다. 2024년 출시된 B100은 블랙웰(Blackwell) 아키텍처를 기반으로 트랜지스터 800억 개로 구성된 H100 대비 2,080억 개를 집적해 데이터 연산 속도가 2.5배 빠른 더욱 강력한 AI 연산 기능을 제공한다(NVIDIA, 2024).

그러나 GPU는 한 가지 아키텍처로 다양한 분야, 다양한 목적에 사용될 수 있는 범용 반도체다. 반면에, AI 연산에 특화된 AI 전용 칩을 만들어 효율성을 높이려는 목적으로 설계된 반도체가 주문형 반도체(ASIC)다. 구글의 텐서 처리 장치(TPU)가 AI 연산만을 위해 특화된 대표적 AI 하드웨어 가속기다. TPU는 딥러닝 작업량을 가속하기 위해 개발된 AI 전용 프로세서로, 2017년 출시된 1세대 TPU(TUP v1)부터 진화를 거듭해 2024년에 6세대 TPU(TPU v6e)까지 출시했다. 신흥 스타트업들도 앞다퉈 NPU 신제품을 출시하고 있어, AI 전용 가속기 칩 개발 경쟁이 점점 더 가속화될 것이다.

학습용과 추론용 AI 가속기 차이점

AI 모델의 학습과 추론 과정에서 사용되는 AI 하드웨어 가속기는 각각의 목적에 맞게 최적화되어 설계된다. 데이터센터 서버에서 AI 모델 학습을 위한 AI 가속기는 대규모 데이터를 처리하고 복잡한 연산을 반복 실행해야 하므로, 고성능 연산 능력을 갖추어야 하며 HBM 등의 고대역폭 대용량 메모리를 탑재해야 한다. 또한 학습 과정에서 높은 정밀도 연산이 필요하기 때문에, 16비트 이상의 부동 소수점 연산을 지원해야 한다. 예를 들면 엔비디아의 학습용 GPU H100은 FP32 기준 67TFLOPS의 연산 성능을 제공하고, HBM을 탑재해 80GB 메모리 용량과 3.35TB/s의 대역폭을 지원한다(NVIDIA, 2025).

반면에 추론용 AI 가속기는 이미 학습된 AI 모델을 실제 환경에서 빠르고 효율적으로 연산하는 용도에 초점을 맞추어 설계된다. 따라서 학습용 AI 가속기에 비해 추론용 AI 가속기는 상대적으로 낮은 연산 능력과 작은 메모리 용량으로도 충분한 경우가 많다. 엔비디아 T4와 같은 추론용 GPU는 FP32 기준 8.1TFLOPS의 연산 성능을 갖고 있고, HBM보다 훨씬 작은 용량인 16GB GDDR6 (Graphics Double Data Rate 6) 메모리를 탑재하고 360GB/s의 대역폭을 지원한다(NVIDIA, 2024). 추론 과정에서는 낮은 정밀도의 연산으로도 충분한 성능을 낼 수 있어, 8비트 정수 연산(Integer Operations)과 같은 낮은 정밀도 연산을 지원한다(Homo Nomad, 2020).

학습용과 추론용 AI 가속기의 또 다른 중요한 차이점

은 최적화 목표에 있다. 학습용 AI 가속기는 대규모 데이터를 빠르게 처리하는 높은 처리량(Throughput)을 중요시한다. 이를 위해 데이터 병렬화와 모델 병렬화 같은 복잡한 병렬 처리 기술을 활용한다. 반면에 추론용 AI 가속기는 실시간 처리가 중요하므로 낮은 지연 시간(Low Latency)에 초점을 맞춘다(지식맛집, 2024). 따라서 대부분의 추론용 가속기는 단일 또는 소수의 가속기로 처리하며, 복잡한 병렬 처리 구조가 필요하지 않다.

전력 소비 측면에서도 두 유형의 AI 가속기는 차이를 보인다. 학습용 AI 가속기는 고성능 연산을 위해 높은 전력을 소비하는 반면, 추론용 AI 가속기는 상대적으로 낮은 전력을 소비하며 에너지 효율성을 중요시한다. 이는 추론 과정이 종종 모바일 디바이스나 엣지 디바이스에서 이루어지기 때문이다. 예를 들어 학습용 GPU H100의 경우 최대 700와트(W), 추론용 GPU T4의 경우 70W를 소비한다.

클라우드 AI와 엣지 AI에서의 반도체

AI 반도체는 서로 다른 영역, 즉 클라우드와 엣지에서 혁신적인 역할을 수행하고 있다. 클라우드 AI 반도체는 거대한 연산 능력과 무제한에 가까운 저장소를 바탕으로 복잡한 AI 모델의 학습과 대규모 데이터 처리를 가능하게 한다. 클라우드 인프라는 높은 대역폭과 강력한 컴퓨팅 성능을 제공해 딥러닝 등 첨단 연구와 대규모 AI 서비스를 지원한다(이수환, 2019). 반면 엣지 AI 반도체는 작고 효율적인 설계로 실시간 데이터 처리에 특화되어 있다. 즉, 엣지용 AI 칩은 스마트폰, 사물인터넷 디바이스, 자율주행차 등 현장에서 즉각적인 의사 결정이 필요한 환경에 최적화되어 있으며, 낮은 전력 소비와 빠른 응답 속도가 특징이다.

두 AI 반도체의 핵심 차이는 '어디서' 그리고 '어떻게' AI 연산을 실행하는가에 있다. 클라우드는 깊이 있는 학습과 분석을, 엣지는 신속하고 효율적인 현장 대응을 담당하고 있다. 클라우드 AI는 더 큰 컴퓨팅 기능과 저장소 용량을 제공해 더 복잡하고 고급화된 AI 모델의 학습과 배포를 용이하게 한다(윤종혁, 2024). 엣지 AI는 데이터를 생성하는 지점에서 직접 연산을 처리해 지연 시간을 줄이고, 개인정보 보호를 강화하는 데 기여한다. 따라서 클라우드와 엣지 AI 반도체는 상호 보완적 관계로 함께 발전하며, 다양한 응용 분야에서 활용할 수 있는 가능성을 보여 주고 있다.

참고문헌

아펜(2023). 파인튜닝(Fine-tuning)이란? - LLM 구축 방법. 아펜 블로그, https://kr.appen.com/blog/fine-tuning/

윤종혁(2024). 엣지 디바이스에서의 AI 이용에 관한 산업분석. TTA저널 211호, 49-55.

이수환(2019). 엣지 AI 컴퓨팅, 클라우드 AI와 공존. ≪THEELEC≫, https://www.thelec.kr/news/articleView.html?idxno=618

정인성(2022). 반도체가 인공지능(AI) 역사를 바꾼 결정적 순간들. SK Hynix Newsroom, https://news.skhynix.co.kr/post/jeonginseong-column-ai

지식맛집(2024). 학습형 AI 반도체와 추론형 AI 반도체의 차이, https://tristanchoi.tistory.com/580

Homo Nomad(2020). 딥러닝 학습/추론과 이에 따른 하드웨어 차이 비교. https://lifeisenjoyable.tistory.com/7

Kaplan, J., et al.(2020). Scaling laws for neural language models. arXiv, https://arxiv.org/pdf/2001.08361

NVIDIA(2016). 딥 러닝 인공지능의 핵심 요소, 훈련과 추론. 엔비디아 블로그, https://blogs.nvidia.co.kr/blog/deeplearning_training/

NVIDIA(2024). NVIDIA Blackwell architecture technical brief. https://resources.nvidia.com/en-us-blackwell-architecture

NVIDIA(2024). NVIDIA T4. https://www.nvidia.com/ko-kr/data-center/tesla-t4/

NVIDIA(2025). NVIDIA H100 Tensor 코어 GPU. https://www.nvidia.com/ko-kr/data-center/h100/

Stanford HAI(2024). Artificial intelligence index report 2024. https://aiindex.stanford.edu/report/

05
AI와 메모리 반도체

메모리 시스템은 AI 모델 성능 향상의 핵심 요소로 부상하고 있다. 메모리 병목 현상은 AI 시스템의 성능을 제한하는 주요인이 되었으며, 이를 해결하기 위한 혁신적인 메모리 기술들이 개발되고 있다. 고대역폭 메모리는 AI 하드웨어 가속기의 성능을 획기적으로 향상하는 핵심 기술로 자리 잡았고, 연산 기능을 갖춘 메모리와 컴퓨트 익스프레스 링크 등 차세대 메모리 솔루션은 AI 시스템의 성능과 효율을 더욱 높이고 있다. 이러한 메모리 기술 혁신이 AI와 반도체 산업의 공진화를 이끌며, 미래 컴퓨팅 패러다임의 변화를 주도하고 있다.

AI와 아이돌?

AI 시대의 메모리 병목 현상

AI 기술이 급속하게 발전하며 데이터 처리량이 기하급수적으로 증가하고 있다. 메모리는 전력 소비 급증, 메모리 병목, 그리고 저장 용량 부족의 세 가지 과제에 직면했다. 특히 메모리 병목은 AI 처리 시스템의 주요 과제로 대두되었다. 프로세서의 연산 능력이 빠르게 향상되는 반면 메모리의 데이터 전송 속도가 이를 따라가지 못했기 때문에 메모리 병목 현상이 발생했다.

지난 20년 동안 데이터센터 서버용 프로세서 하드웨어의 최대 초당 부동 소수점 연산(FLOPS)은 2년마다 3배로 증가해 왔으나, DRAM 및 상호 연결 대역폭(Interconnect Bandwidth)의 성장 속도는 각각 2년마다 1.6배와 1.4배로 증가했다. 이 수치를 지난 20년 동안 누적해 비교해 보면, 하드웨어 FLOPS는 60,000배로 증가했지만, DRAM과 연결 대역폭은 각각 100배와 30배로 증가하는데 그쳤다(Gholami et al., 2024). 이는 AI 모델의 학습과 추론 과정에서 심각한 성능 저하를 초래할 수 있다. 메모리 제조사들은 메모리 병목 문제를 해결하기 위해서 협력하며 AI 전용 저전력 메모리의 표준화 작업을 진행하고 있다(허진, 2024).

메모리 병목 현상은 특히 대규모 언어 모델에 기반한

AI에서 더욱 두드러진다. 예를 들어 GPT-3와 같은 대규모 언어 모델은 매개변수를 저장하기 위해 수백 기가바이트의 메모리가 필요하며, 이를 효율적으로 처리하기 위해 고성능 고대역폭 메모리 시스템을 사용해야 한다. 이러한 어려움을 해결하기 위해 메모리 계층 구조의 최적화가 중요해지고 있다. 예를 들어 온칩(On-chip) 메모리, L1/L2/L3 캐시(Cache), 고대역폭 메모리(HBM), 그리고 대용량 DRAM 및 SSD(Solid State Drive) 등을 효율적으로 조합해 데이터 접근 지연 시간을 최소화하고 대역폭을 최대화하는 노력이 진행되고 있다.

AI 가속기의 핵심 요소, HBM

CPU, GPU, 모바일 AP 등 프로세서는 용도에 따라 DRAM을 결합해 사용한다. 예를 들면 개인용 컴퓨터 CPU에는 이중데이터율(Double Data Rate, DDR)을, 그래픽 처리용 GPU에는 그래픽 DDR(Graphics Double Data Rate, GDDR)을, 스마트폰 등의 모바일 디바이스용 AP에는 저전력 DDR(Low-Power DDR, LPDDR)을, 데이터센터 서버 GPU에는 HBM을 결합해 사용한다.

HBM은 기존 GDDR을 대체할 수 있는 고대역폭의 메모리 성능을 달성하기 위해 제안되어, 2013년 반도체 표준협회인 전자기기공학이사회(Joint Electron Device Engineering Council, JEDEC)에 의해 채택된 기술이다. 메모리 대역폭과 용량에 중점을 두어 GPU, TPU 등 서버용 AI 하드웨어 가속기의 성능을 획기적으로 향상하는 핵심 기술로 주목받고 있는 DRAM이 HBM이다. HBM은 따로 제조된 DRAM 코어 다이(Core Die)라고 부르는 DRAM 칩의 아파트를 쌓아 올린 것처럼, 여러 층의 DRAM을 수직으로 쌓은 3D 스택 구조로 되어 있다. 특수한 공법인 실리콘 관통 전극(Through Silicon Via, TSV)을 통해 칩을 관통하는 전극을 생성하는 방식을 사용해 제작해서 좁은 면적에서 높은 대역폭과 대용량을 실현할 수 있다. 3D 적층 DRAM은 메모리 베이스 다이(Base Die) 위에 쌓이고, 각 적층 DRAM은 베이스 다이에 내장된 DRAM 제어기(Controller)의 통제를 받게 된다. DRAM 제어기는 HBM과 GPU 등의 프로세서와 연결해 DRAM에서 정보를 찾아 프로세서에 전달하는 역할을 수행한다.

기존 GDDR5 DRAM과 2014년에 출시된 1세대 HBM(HBM1)를 비교하면 데이터 통로인 입출력(I/O) 개수가 32개에서 1,024개로 증가했다. 데이터 전송 속도인 대역폭은 28GB/s에서 128GB/s로 4.6배 빠르며, 전력 사용 역시 30~35W에서 13~16W로 크게 줄었다.

세대별 HBM의 특징을 간략하게 살펴보자. 1세대 HBM1은 2014년에 출시되어 128GB의 메모리를 제공하는 4층 높이 스택으로 구성되었다. 2018년에 공식 출시된 2세대 HBM2는 307GB/s의 대역폭, 2020년 출시된 3세대 HBM2e는 460GB/s의 대역폭을 제공한다. 4세대 HBM3는 2022년에 출시되어 819GB/s의 대역폭과 이전 세대 대비 50% 이상 향상된 에너지 효율을 제공한다. 2024년 출시된 5세대 HBM3e는 1,024GB/s의 대역폭을 제공한다(나무위키, 2024). 2025년 말 출시 예상되는 6세대 HBM4는 I/O 개수가 기존 1,024의 2배인 2,048개로 늘고, DRAM 칩을 16단까지 쌓아 올려 대역폭은 HBM3e보다 66% 증가한 초당 2테라바이트(2TB/s)로 예상된다(박승주 외, 2024). 특히 HBM4 시대의 AI 연산은 더욱 복잡해지고 AI 모델의 크기도 더 방대해질 것이므로 메모리에서의 데이터 처리 속도가 훨씬 빠르고, 전송 대역폭도 더욱 넓어 원활하게 작동할 수 있어야 한다. HBM4에서는 UCIe(Universal Chiplet Interconnect Express) 표준과 같은 다이 간 인터페이스를 사용해 맞춤형 HBM을 제작하는 형태의 최첨단 접근 방식으로, 메모리 다이와 GPU 등의 컴퓨팅 다이를 밀접하게 통합해 구성 요소 간에 매우 높은 대역폭과 낮은 대기 시간을 달성할 수 있다. 이러한 구현은 맞춤형 메모리 베이스 다이를 제작하기 위해 반도체 지식 재산(Intellectual Property, IP) 회사, DRAM 제조사, 그리고 최종 고객사 간의 긴밀한 협력이 필요하다(Cheruliyil, 2024).

현재 엔비디아의 주력 AI 가속기 H100 GPU에는 HBM2e 6개, H200에는 HBM3e 6개가 탑재된다. 최근 출시된 B100 GPU의 경우 8개의 HBM3e가 필요하다. 2026년에 차세대 GPU 루빈(Rubin)은 TSMC 3nm 공정에서 생산될 예정이며 HBM4 8개 탑재, 2027년 출시될 루빈 울트라(Rubin Ultra)에는 HBM4 12개가 탑재될 것으로 예상된다(박승주 외, 2024).

차세대 메모리 솔루션, PIM과 CXL

프로세싱 인 메모리(Processing in Memory, PIM) 기술은 메모리 칩 내부에 연산 기능을 통합해 CPU와 같은 연산장치와 메모리 사이의 데이터 이동을 최소화하고 처리 속도를 높이는 혁신적인 접근 방식이다. PIM은 메모리와 프로세서 사이의 데이터 이동으로 인한 지연과 전력 소비를 크게 줄일 수 있어 AI 작업량에 매우 효과적이다. 전통적인 폰 노이만 구조의 한계를 극복하기 위해 설계된 PIM은 메모리 내에서 직접 데이터 연산을 처리함으로써 메모리 병목을 해결할 수 있다.

삼성전자는 HBM에 AI 프로세서를 하나로 결합한 HBM-PIM을 세계 최초로 개발했다. 삼성전자 PIM은 프로그램 가능한 연산 장치(Programmable Computing Unit, PCU)를 통해 메모리 내에서 병렬 처리를 구현해 성능을 극대화했다. 음성 인식 등 AI 애플리케이션에서 HBM-PIM은 기존 HBM 대비 2배 이상 성능 향상을 입증하며 그 가능성을 보여 주었다. 또한 메모리 내부에서 연산 처리가 가능해진 PIM은 CPU와 메모리 간 데이터 이동이 줄어들어 AI 가속기 시스템의 에너지 효율을 높일 수 있다. HBM-PIM은 기존 HBM 대비 50% 더 적은 에너지 사용으로 같은 양의 데이터를 처리할 수 있어 전력 소모가 심한 AI 애플리케이션에 최적의 대안을 제시했다(삼성전자, 2023). SK하이닉스는 GDDR6-AiM(Accelerator in Memory) 기반의 대규모 언어 모델에 특화된 가속기 카드 AiMX(AiM based Accelerator) 시제품을 선보였다. AiMX 시제품은 탑재한 서버에서 메타(Meta)의 생성형 AI 모델인 개방형 사전 훈련 트랜스포머(Open Pre-trained Transformer, OPT) 13B(Billion)에 적용했다. 추론 시연에서 GPU 탑재 시스템 대비 반응 속도는 10배 이상 빠르고 전력 소모는 5분의 1 수준임을 확인했다(SK 하이닉스, 2023).

한편 컴퓨트 익스프레스 링크(Compute Express Link, CXL)는 CPU, 가속기, 메모리 간의 고속, 저지연 상호 연결을 제공하는 새로운 개방형 표준이다. CXL은 메모리 확장성과 유연성을 향상해, AI 시스템의 메모리 병목 현상을 완화하는 데 기여할 것으로 기대된다. CXL 기술은 CPU 메모리 공간과 연결된 장치의 메모리 간의 일관성을 유지해 자원 공유를 가능하게 한다. CXL 2.0 표준은 메모리 풀링(Pooling)과 공유를 지원해 여러 프로세서가 동일한 메모리 자원에 효율적으로 접근할 수 있게 함으로써 소프트웨어 스택의 복잡성을 줄이고 전체 시스템 비용을 낮추는 데 도움이 된다. CXL 기술 발전은 AI와 고성능 컴퓨팅(HPC) 분야에 큰 영향을 미칠 것으로 예상된다. 특히 대규모 언어 모델과 같은 메모리 집약적 AI 작업량의 성능을 향상할 수 있다. CXL을 통해 확장된 메모리 용량과 대역폭은 AI 모델의 학습과 추론 속도를 높이고 에너지 효율을 개선할 수 있다(강혜령, 2023).

PIM과 CXL 기술은 각각 메모리 내 처리와 고속 상호 연결을 통해 AI 시스템의 성능을 혁신적으로 향상시킬 수 있는 잠재력을 가지고 있다. 이러한 기술들의 지속적인 발전과 결합은 향후 AI와 HPC 분야에서 더욱 강력하고 효율적인 시스템을 구현하는 데 핵심적인 역할을 할 것으로 기대된다.

참고문헌

강혜령(2023.12.24). 반도체 업계가 CXL에 주목하는 이유. ≪서울경제≫, https://www.sedaily.com/NewsView/29YMFR9TU3

나무위키(2024). HBM. https://namu.wiki/w/HBM

박승주 외(2024.11.11). 삼성 HBM4 승부수 … 전용라인 짓고 빅테크 고객 선점나서. ≪매일경제≫, https://www.mk.co.kr/news/business/11165347

삼성전자(2023.3.31). HBM-PIM: 차세대 AI를 가속화하는 최첨단 메모리 기술. 삼성전자 테크 블로그, https://semiconductor.samsung.com/kr/news-events/tech-blog/hbm-pim-cutting-edge-memory-technology-to-accelerate-next-generation-ai/

SK하이닉스(2023.12.20). HBM·PIM·CXL 라인업 '탄탄' SK하이닉스, Global No.1 AI Company로 도약한다, https://news.skhynix.co.kr/post/skhynix-ai-memory-2023

허진(2024.12.1). 반도체 맞수' 삼성·SK, 미래 메모리 표준화 손잡는다. ≪서울경제≫, https://www.sedaily.com/NewsView/2DHYB73CG2

Cheruliyil, A.(2024.12.19). Redefining XPU memory for AI data centers through custom HBM4: Part 1. Semiconductor Engineering,

https://semiengineering.com/redefining-xpu-memory-for-ai-data-centers-through-custom-hbm4-part-3/
Gholami, A., et. al.(2024). AI and memory wall. arXiv preprint. https://arxiv.org/pdf/2403.14123v1

06
AI 반도체 제조 공정과 이종 집적

반도체 제조 공정과 패키징 기술은 AI 반도체 성능과 효율을 결정짓는 중요한 요소다. 특히 극자외선 노광은 반도체 미세 공정의 핵심이며, 2.5D 및 3D 첨단 패키징, 칩릿 등의 이종 집적 기술은 서로 다른 기능을 가진 칩들을 통합해 AI 연산 효율을 높이고, 다양한 응용 분야의 요구에 부응하는 유연한 설계를 가능하게 한다. 이러한 혁신 기술들은 AI 반도체의 미래를 밝히는 핵심 요소이며, 고성능 컴퓨팅 환경 구축의 필수 기술이다.

AI와 야구?

AI 반도체의 진화와 제조 공정의 중요성

AI 반도체는 인공지능 연산을 가속하기 위해 특화되어 설계된 칩으로, 최근 몇 년간 급격히 발전해 왔다. 초기에는 CPU와 GPU가 주로 사용되었지만, AI 모델의 복잡성이 증가하면서 AI 연산에 효율적인 TPU와 NPU로 진화했다. 이러한 더 작은 칩으로 빠른 연산이 가능하고, 더 작은 전력으로 동작할 수 있는 AI 특화 반도체로의 발전은 반도체 제조 공정의 미세화 기술 덕분이다.

현재 선단 미세 공정에서 반도체 칩을 생산할 수 있는 파운드리(Foundry)는 티에스엠시(TSMC)와 삼성전자 두 회사뿐이다. 최근 출시되고 있는 AI 가속기 칩은 5nm, 3nm 등 선단 미세 공정에서 생산되고 있다. TSMC는 3nm 공정까지 3차원 구조의 트랜지스터인 핀펫(Fin Field Effect Transistor, FinFET)을 적용하고(Perry, 2020), 2nm부터 차세대 트랜지스터 구조인 게이트 올 어라운드(Gate-All-Around, GAA)를 적용할 계획이지만, 삼성전자는 4nm 공정까지 FinFET을 적용하고 3nm 공정부터 세계 최초로 차세대 트랜지스터 구조인 GAA를 적용한 파운드리 서비스를 시작했다(삼성전자, 2022). 현재 삼성전자는 2nm 공정 양산 준비 단계에 진입했고, 1.4nm 공정을 준비하고 있다(이지향, 2024).

TSMC는 2025년 하반기부터 2nm 공정을, 2026년 하반기부터 1.6nm 공정을 통해 AI 반도체 양산을 시작할 계획이다(Shilov, 2024).

FinFET 구조는 트랜지스터 밀도를 높이고 전력 효율성을 개선하기 위해 도입되어 2015년 삼성전자 14nm 공정에서 양산이 시작됐다. FinFET은 게이트(Gate)가 채널의 세 면을 감싸는 3차원 구조로, 전류 흐름을 더욱 정밀하게 제어할 수 있어 단채널효과(Short Channel Effect)를 줄이는 데 효과적이다. FinFET 트랜지스터는 여전히 첨단 반도체 공정에 사용되고 있지만 최근 4nm 이하의 미세 공정에서 더 이상 동작 전압을 줄일 수 없는 한계에 직면했다. 이를 해결하기 위해 탄생한 것이 바로 GAA 구조다. 3nm 이하 초미세 회로에 도입되는 GAA 트랜지스터는 전류가 흐르는 4면을 게이트가 둘러싸고 있어, 전류의 흐름을 세밀하게 제어할 수 있는 채널 조정 능력을 극대화해 높은 전력 효율을 얻을 수 있다.

첨단 공정 기술: 극자외선 노광과 미세화의 한계

반도체 제조 공정은 반도체 집적회로의 핵심 재료인 원형 판 모양의 웨이퍼(Wafer)를 기반으로 회로를 형성하는 복잡한 과정으로, 크게 전공정(Front-end Process)과 후공정(Back-end Process)으로 구분한다. 좀 더 세분화하면 반도체 8대 공정으로 나눈다(삼성전자, 2020). 8대 공정은 전공정에 속하는 웨이퍼 제조 공정, 산화 공정, 포토 공정, 식각 공정, 증착 및 이온 주입 공정, 금속 배선 공정, EDS(Electrical Die Sorting) 공정, 그리고 후공정에 해당하는 패키징(Packaging) 공정이다. 전공정에서는 원형 판 형태의 실리콘 웨이퍼 표면에 산화막을 형성하고, 웨이퍼 위에 회로 패턴이 담긴 마스크에 빛을 통과시켜 회로를 그리는 포토 공정(Photolithography), 식각부터 EDS 공정을 거쳐 개별 칩들이 원하는 품질 수준에 도달했는지 확인한다. 후공정에서는 반도체 칩이 외부와 신호를 주고받을 수 있도록 길을 만들고, 다양한 외부 환경으로부터 칩을 안전하게 보호하는 형태로 만드는 패키징 및 테스트가 이루어진다. 이러한 공정들은 반도체의 성능과 품질을 결정짓는 중요한 요소로 작용하며, 각 단계에서 최신 기술이 적용된다.

반도체 칩을 생산할 때 웨이퍼는 스캐너라고 하는 포토 공정 설비로 들어가게 된다. 이 설비 안에서 회로 패턴을 새겨 넣기 위해 레이저 광원을 웨이퍼에 투사하는 노광(Stepper Exposure) 작업을 진행한다. 반도체 칩 안에 현미경으로 봐야 보일 정도로 작고 미세한 회로 소자 수십억 개를 형성하게 되는데, 그래야만 트랜지스터 등의 소자들을 지름 300mm의 제한된 웨이퍼 공간에 더 많은 칩을 집적하고, 성능과 전력 효율을 높일 수 있기 때문이다. 극자외선(Extreme Ultraviolet, EUV) 공정은 이러한 노광 단계를 극자외선 파장을 가진 광원을 활용해 진행하는 것이며 반도체 제조 공정에서 가장 중요한 혁신 중 하나로 7nm 이하의 초미세 공정을 가능하게 했다. 노광 기술을 통해 AI 반도체는 더 높은 성능과 에너지 효율을 달성할 수 있게 되었다(Martin, 2024).

하지만 극자외선 노광도 한계가 존재한다. 장비 도입 비용이 매우 많이 들고, 생산 과정에서 결함률을 줄이는 데 어려움이 있다. 또한 미세화가 계속될수록 전자 간 간섭과 전력 누설 같은 물리적 문제들이 발생해 업계는 극자외선 기술을 보완하기 위한 새로운 접근법을 모색하고 있다. 예를 들어 다층 구조를 활용한 새로운 패턴 형성 기술이나 차세대 리소그래피 방법론이 연구되고 있다(Smith, 2022).

'비욘드 무어' 시대를 이끄는 이종 집적

'반도체 집적도가 18개월에서 24개월마다 두 배로 늘어

난다'고 예측한 무어의 법칙은 반도체 기술 발전 속도에 따라 조금씩 변했지만, 지금까지 50년이 넘는 시간 동안 지켜져 왔으며, 반도체 산업 발전의 근간이 되어 왔다. 그러나 반도체 기술 혁신의 속도가 과거 대비 느려지고 반도체 공정 미세화가 물리적 한계에 도달해 집적도의 증가 속도가 점차 느려지면서 무어의 법칙이 한계에 가까워지고 있다. 이러한 반도체 기술 한계를 극복하기 위해서는 무어의 법칙을 넘어설 새로운 방법이 필요하며, 우리는 이것을 '비욘드 무어(Beyond Moore)'라 부른다. '비욘드 무어' 시대를 이끌 수 있는 것이 첨단 패키지(Advanced Package) 기술이다. 첨단 패키지 기술은 여러 개의 다른 반도체를 수평으로, 수직으로 연결하는 이종 집적(Heterogeneous Integration) 기술을 통해 한 개의 반도체 패키지 안에 더 많은 트랜지스터를 집적해 더 강력한 성능을 제공할 수 있다(Kang, 2023).

첨단 패키지 기술은 기존 2차원(2D)에서 벗어나 2.5D 및 3D 기술로 진화해 칩의 집적도를 높이고 전력 효율을 개선하는 데 중요한 역할을 하고 있다. 2.5D 패키지 기술은 실리콘 인터포저(Silicon Interposer)를 사용해 여러 개의 칩을 수평으로 배치하고 연결하는 방식이다. 이 기술은 칩 간의 연결을 최적화해 데이터 전송 속도를 높이고 전력 소비를 줄이는 데 효과적이다. 예를 들어 엔비디아의 GPU 가속기는 2.5D 패키지 기술을 통해 GPU와 여러 개의 고대역폭 메모리(HBM)를 인터포저를 통해 수평으로 연결해 데이터 전송을 용이하게 해 높은 성능을 발휘한다. 3D 패키지 기술은 칩을 수직으로 쌓아 올리는 방식으로, 실리콘 관통 전극 기술(TSV)을 사용해 칩 간의 직접 연결을 가능하게 한다. 3D 패키지 기술을 적용한 대표적인 예가 바로 HBM이다.

칩렛(Chiplet, 작은 칩 조각) 기술은 여러 개의 반도체 기능을 개별 칩으로 분리한 후 패키징해 마치 하나의 반도체처럼 작동하게 하는 혁신적인 접근 방식이다. 하나의 다이(Die) 위에 모든 소자와 상호 연결 부분을 일괄적으로 형성하는 모노리식(Monolithic) 구조 대비 불량에 따른 부담도 적고, 전체적인 제조 비용도 줄일 수 있어 AI 가속기 시장 성장에 따라 고성능이면서 저전력을 구현해야 하는 반도체 제조 방식으로 주목받고 있다. 칩렛 기술의 장점은 유연한 기능 구현이다. 즉, 필요에 따라 메모리와 연산 장치 등 다양한 기능들을 개별 칩으로 분리하고 이를 첨단 패키징으로 연결해 높은 성능 유지가 가능하다. 예를 들어 AI 하드웨어 가속기 구현을 위해 CPU, GPU 및 메모리 칩을 각각 최적화해 별도의 칩렛으로 만들고 이를 고속으로 연결함으로써 성능을 극대화할 수 있다. 또한 공정 비용이 높은 핵심 칩릿만 최신 첨단 공정을 적용하고 나머지 칩릿은 비교적 저렴한 기존 공정을 적용해 제조할 수 있어 비용 효율적이다. 칩렛 기술은 발열 문제를 효과적으로 관리할 수 있는 장점도 있다. 인텔의 포베로스(Foveros)는 칩릿 구조의 3D 반도체 적층 기술 중 하나다. 포베로스는 패키지 기판(Substrate), 베이스 타일(Base Tile), 컴퓨트 타일(Compute Tile), 플랫폼 제어기(Platform Controller)를 수직으로 쌓아 올려 메모리와 함께 하나의 패키지로 연결한 기술이다(Mujtaba, 2022). 인텔은 코어 울트라 프로세서(Core™ Ultra Processor), 최근 출시한 프로세서 루나 레이크(Lunar Lake) 등에 포베로스 패키지 기술을 적용했다.

2022년 칩릿 기술 생태계 활성화를 위해 연관 회사들이 참여해 설립한 UCIe(Universal Chiplet Interconnect Express) 컨소시엄은 칩 간 상호 연결(Interconnection) 기술 표준화 작업을 진행하고 있다. 칩릿 기술은 기존 단일 칩 설계로 해결하기 어려운 문제들을 극복하는 데 장점이 있어 데이터센터뿐만 아니라 자율주행차나 IoT 디바이스 등 다양한 응용 분야의 반도체 칩에서 활용되고 있다. 칩릿 기술 등의 이종 집적은 AI 반도체 개발의 '비욘드 무어' 시대를 밝히는 중요한 요소가 될 것이다.

참고문헌

삼성전자(2020.1.16). 반도체 8대 공정 한 눈에 보기!. 삼성전자. https://semiconductor.samsung.com/kr/support/tools-resources/fabrication-process/semiconductor-encyclopedia-the-eight-essential-semiconductor-fabrication-processes-at-a-glance/

삼성전자(2022). 삼성전자, 세계 최초 3나노 파운드리 양산. 삼성전자 뉴스. https://semiconductor.samsung.com/kr/news-events/news/samsung-begins-chip-production-using-3nm-process-technology-with-gaa-architecture/

이지향(2024.10.16). 삼성 파운드리, 2nm 및 1.4nm로 TSMC 앞질러?. ≪애플경제≫, https://www.apple-economy.com/news/articleView.html?idxno=74451

Kang, M.(2023.3.23). Rocking the world with advanced package technology. Samsung Semiconductor Newsroom, https://bit.ly/42Cgcfh

Lapedus, M.(2020.11.19). EUV challenges and unknowns at 3nm and below. Semiconductor Engineering. https://semiengineering.com/euv-challenges-and-unknowns-at-3nm-and-below/

Martin, M.(2024.10.26). The innovation in AI: Why EUV is crucial for AI chipsets. UKBlackTech,

https://ukblacktech.com/the-innovation-in-ai-why-euv-is-crucial-for-ai-chipsets/
Mujtaba, H.(2022.8.23). Intel's LEGO-Like chiplet design for next-gen Meteor Lake, Arrow Lake & Lunar Lake "3D Foveros" CPUs detailed. WCCF Tech, https://wccftech.com/intel-lego-like-chiplet-design-for-next-gen-meteor-lake-arrow-lake-lunar-lake-3d-foveros-cpus-detailed/
Perry, T. S.(2020). How the father of FinFETs helped save Moore's law. IEEE Spectrum, https://spectrum.ieee.org/how-the-father-of-finfets-helped-save-moores-law
Shilov, A.(2024.11.22). TSMC's says 1.6nm node to be production ready in late 2026 — roadmap remains on track. Tom's Hardware, https://www.tomshardware.com/tech-industry/tsmcs-1-6nm-node-to-be-production-ready-in-late-2026-roadmap-remains-on-track

07
반도체 산업의 AI 활용

AI는 반도체 산업의 패러다임을 근본적으로 변화시키고 있다. 칩니모, 알파칩 등 AI 기반의 칩 설계 시스템을 전자 설계 자동화에 적용해 칩 설계 과정을 혁신하고 있다. 반도체 제조 공정에서는 AI 기술을 활용해 실시간 최적화와 예측 유지 보수를 통해 생산성을 높이고 비용을 절감하고 있다. 품질 관리 영역에서도 AI 기반 시스템이 결함 감지 정확도를 크게 개선하고, 실시간 품질 모니터링을 통해 제품 신뢰성을 높이고 있다.

AI와 윤동주?

AI 주도 칩 설계

AI 기술의 발전으로 반도체 전자 설계 자동화(Electronic Design Automation, EDA) 분야에서 혁신적인 변화가 일어나고 있다. 2023년부터 EDA 분야 선두 주자인 칩 설계 전문 회사 시놉시스(Synopsys)와 케이던스(Cadence)는 생성형 AI를 반도체 설계에 적용하고 있다. 이 회사들은 자동으로 하드웨어 코드를 작성하고, 검증하며, 대규모 디자이너 팀의 작업을 지원함으로써 엔지니어의 작업 속도를 높이는 AI 도구를 개발했다. 시놉시스는 마이크로소프트와 함께 오픈AI의 대규모 언어 모델을 이용해 AI 기반 칩 설계 코파일럿인 '시놉시스.ai 코파일럿(Synopsys.ai Copilot)'을 발표했다(전윤미, 2024). 케이던스는 인쇄 회로 기판(Printed Circuit Board, PCB) 설계를 최대 10배 빠르게 해 주는 AI 설계 도구 '알레그로 X AI(Allegro X AI)'를 출시했다. 알레그로 X AI는 며칠씩 걸리던 PCB 설계 시간을, AI를 사용해 몇 분으로 단축했다. 최적의 효율을 낼 수 있도록 AI가 각종 부품 배치 및 배선(Place & Route, P&R) 작업을 시뮬레이션해 품질도 더 높일 수 있다(박찬, 2023).

엔비디아가 개발한 칩니모(ChipNeMo)와 구글 딥마인드가 개발한 알파칩(AlphaChip)도 이러한 변화를 주도하는 대표적인 AI 시스템이다. 칩니모는 430억 개의 매개변수를 가진 특화된 대규모 언어 모델로, 엔비디아의 30년간 축적한 설계 문서와 코드를 학습해 칩 설계 과정을 최적화했다. 챗봇 형태인 칩니모는 GPU 아키텍처에 관한 질문에 응답하고, 칩 설계 언어 코드를 생성하는 등의 작업을 수행한다(Liu et. al., 2024; Shilov, 2023; MultiPlatform.ai, 2025).

한편 알파칩은 강화학습(Reinforcement Learning)으로 학습한다. 아직은 엔지니어의 노하우에 의존하는 작업이 많은 칩 평면 배치 기법(Floor Plan) 최적화를 게임으로 간주하고 빈 격자에 회로를 하나씩 배치하는 방식으로 학습하고, 각각의 부품 배치가 완료되면 최종 레이아웃의 품질에 따라 보상을 받는다. 특수 제작된 그래프 신경망(Graph Neural Network)에 기반한 알파칩은 칩 구성 요소 사이의 관계를 학습하고 다양한 칩 설계를 일반화할 수 있게 한다. 알파칩을 사용해 그동안 몇 개월이 걸리던 설계 작업을 몇 시간 만에 완료할 수 있게 됐다(Goldie & Mirhoseini, 2024). 구글은 자체 설계한 AI 전용 반도체 TPU v5e, TPU v5p, 6세대 TPU 트릴리움뿐만 아니라 2024년 4월에 발표된 암(Arm) 기반 프로세서 액시온(Axion)에도 알파칩을 사용했다(AI리포터, 2024).

딥마인드는 알파칩을 오픈소스로 일부 공개해 외부 연구자들이 다양한 칩 블록에 사전 학습시켜 새로운 블록에 적용할 수 있게 했다. 구글 딥마인드는 알파칩의 미래 버전을 개발 중이며, 학계 및 산업계와 협력해 칩 설계의 혁신을 지속적으로 이어 가고자 한다.

AI 기술은 반도체 설계의 검증 및 테스트 과정에서도 중요한 역할을 하고 있다. 칩니모는 기능적 검증 프로세스를 개선하고, 효율적인 테스트 패턴을 생성하며, EDA 도구를 위한 스크립트 작성과 버그 리포트 요약 기능도 제공한다. 이러한 AI 기술을 활용한 자동화된 검증 시스템은 사람의 오류를 줄이고, 더 빠르고 정확한 검증 결과를 제공한다. 이는 설계의 신뢰성을 높이고, 시장 출시 시간을 단축하는 데 기여하고 있다(Ho et al., 2024).

AI 주도 반도체 제조 공정 최적화

AI 기술은 반도체 제조 공정의 실시간 제어와 최적화에 변화를 일으키고 있다. AI 기반의 통계적 공정 제어(Statistical Process Control) 시스템은 센서 데이터를 실시간으로 분석해 공정 파라미터를 동적으로 조정한다(DBMR, 2024). AI 기술 적용으로 제조 라인의 효율이 향상되고, 생산 주기 시간이 단축되며, 수율이 개선되고 있다. 실제로 일부 기업들은 AI를 활용해 공정 효율성을 30% 이상 개선했다고 보고하고 있다(Niveditha et al., 2024).

AI와 기계학습 기술은 반도체 제조 장비의 예측 유지 보수 분야에도 응용된다. AI 알고리즘은 장비의 센서 데이터와 과거 고장 이력을 분석해 잠재적인 장비 고장을 예측한다(DBMR, 2024). 예측 결과를 활용해 제조업체는 장비 고장이 발생하기 전에 선제적으로 유지 보수를 수행할 수 있어, 생산 중단 시간을 최소화하고 전체적인 생산성을 향상할 수 있다. 일부 기업들은 이러한 AI 기반 예측 유지 보수 시스템을 통해 유지 보수 비용을 20% 이상 절감했다(Niveditha et al., 2024; Einnosys, 2024).

AI 기술은 반도체 제조의 생산 계획 수립과 자원 할당 최적화에도 영향을 미치고 있다. AI 알고리즘이 복잡한 제조 시나리오를 모델링하고 시뮬레이션해 최적의 생산 일정을 수립한다(DBMR, 2024). 또한 딥러닝 기반의 수요 예측 모델은 시장 트렌드와 고객 행동을 분석해 더 정확한 생산량을 예측해서 효율적인 자원 할당을 가능하게 한다(Einnosys, 2024). AI 기반 최적화는 재고 관리를 개선하고, 생산 비용을 절감하며, 고객 수요에 더 빠르게 대응할 수 있게 해 준다.

AI 기반 결함 감지 및 품질 관리

AI와 컴퓨터 비전 기술의 결합은 반도체 웨이퍼 검사 과정을 혁신적으로 변화시키고 있다. 딥러닝 기반의 이미지 분석 시스템은 미세한 결함까지 정확하게 탐지할 수 있어, 사람의 눈으로 찾기 어려운 결함도 식별해 낼 수 있다(Menard & Finney, 2023). AI 모델들은 지속적인 학습을 통해 정확도를 계속 향상하며, 새로운 유형의 결함도 신속하게 감지할 수 있다. 실제로 일부 기업들은 AI 기반 결함 감지 시스템을 통해 95%의 정확도를 달성했다고 보고하고 있다(Niveditha et al., 2024; Yang & Sun, 2022).

AI 기술은 반도체 제조 과정에서 실시간 품질 모니터링과 예측을 가능하게 한다. 제조업체는 품질 문제가 발생하기 전에 선제적으로 대응할 수 있어 불량률을 크게 낮추고 전체적인 제품 품질을 향상할 수 있다. 또한 AI 기반 이상 감지 시스템은 제조 공정의 미세한 변화도 감지해 잠재적인 품질 문제를 예방할 수 있게 해 준다(Menard & Finney, 2023; Yang & Sun, 2022).

AI 기술은 반도체 제조 업계에 적응형 품질 관리 시스템을 도입할 수 있게 해 주었다. AI 알고리즘은 생산 데이터를 지속적으로 분석해 동적으로 품질 기준을 설정하고 조정한다. 이러한 적응형 시스템은 제조 환경의 변화에 신속하게 대응해 항상 최적의 품질 관리 전략을 유지할 수 있게 해 준다. 또한 AI 기반의 피드백 루프는 품질 관리 프로세스를 지속적으로 개선해 장기적으로 제품 품질을 향상하고 고객 만족도를 높이는 데 기여하고 있다(Menard & Finney, 2023; Yang & Sun, 2022).

참고문헌

AI리포트(2024.9.27). 구글 딥마인드, 반도체 칩 설계하는 'AI 알파칩' 공개. ≪Digital Today≫, https://www.digitaltoday.co.kr/news/articleView.html?idxno=535221

박찬(2023.4.7). 케이던스, AI 기반 PCB 설계 도구 '알레그로 X AI' 출시. ≪AI Times≫, https://www.aitimes.com/news/articleView.html?idxno=150403

전윤미(2024.2.7). 어렵고 복잡해진 AI반도체, "생성AI로 손쉽게 설계". ≪애플경제≫, https://www.apple-economy.com/news/articleView.html?idxno=72723

DBMR(2024.8.2). Semiconductor companies integrating AI into manufacturing for improved efficiency and product quality. DBMR Whitepaper, https://www.databridgemarketresearch.com/ko/whitepaper/semiconductor-companies-also-integrate-ai-into-manufacturing-workflows

Einnosys(2024.9.24). The Role of artificial intelligence in semiconductor manufacturing. ≪Manufacturing Tomorrow≫, https://www.manufacturingtomorrow.com/content.php?post=23450

Goldie A. & Mirhoseini, A.(2024.9.26). How AlphaChip transformed computer chip design. Google DeepMind. https://deepmind.google/discover/blog/how-alphachip-transformed-computer-chip-design/

Ho, T.-Y., et al.(2024). The Dawn of AI-native EDA: Opportunities and challenges of large circuit models. arXiv. https://arxiv.org/pdf/2403.07257

Liu, M. et al.(2024), ChipNeMo: Domain-adapted LLMs for chip design. arXiv, https://arxiv.org/pdf/2311.00176

Menard, B. & Finney, B.(2023.9.28). How AI-informed imaging can accurately detect subtle defects in semiconductors. Vision Systems Design, https://www.vision-systems.com/factory/manufacturing/article/14299236/how-ai-informed-imaging-can-accurately-detect-subtle-defects-in-semiconductors

MultiPlatform.ai(2025.1.1). Nvidia's ChipNeMo: Revolutionizing chip design with generative AI. https://multiplatform.ai/nvidias-chipnemo-revolutionizing-chip-design-with-generative-ai/

Niveditha, K. P., et al.(2024). AI-powered predictive analytics for semiconductor manufacturing. *International Journal of Innovative Research in Science, Engineering and Technology, 13*(6), 12327-12334.

Shilov, A.(2023.11.1). Nvidia's ChipNeMo LLM will help design

chips. Tom's Hardware,
https://www.tomshardware.com/news/nvidias-chipnemo-ai-will-help-design-chips

Yang, Y.-F. & Sun, M.(2022). Semiconductor defect detection by hybrid classical-quantum deep learning. CVPR, 2323-2332. https://openaccess.thecvf.com/content/CVPR2022/papers/Yang_Semiconductor_Defect_Detection_by_Hybrid_Classical-Quantum_Deep_Learning_CVPR_2022_paper.pdf

08
AI 반도체의 에너지 효율과 지속 가능성

AI 반도체 기술은 막대한 전력 소비와 환경적 영향이라는 도전에 직면해 있지만, 동시에 이를 해결하기 위한 노력이 진행되고 있다. 저전력 설계, 고효율 칩 아키텍처, 혁신적인 냉각 기술 등을 통해 에너지 효율을 향상하고, 재생 에너지 활용, 친환경 소재 및 공정 도입, 순환 경제 모델 적용 등을 통해 지속 가능한 생산 방식으로의 전환을 모색하고 있다. 이러한 노력은 AI 기술의 발전과 환경 보호를 동시에 추구하는 균형 잡힌 접근법으로, 미래 AI 산업의 지속 가능한 성장을 위한 핵심 전략이 될 것이다.

AI와 한의학?

AI 반도체의 전력 소비와 환경적 영향

AI 모델, 특히 대규모 언어 모델의 훈련과 추론 과정은 엄청난 양의 전력을 소비하기 때문에 '전기 먹는 하마'라고 한다. 구글 검색에 평균 0.3와트시(Wh)의 전력이 쓰일 때 생성형 AI 챗지피티 검색에는 그 10배에 가까운 2.9Wh 전력이 필요하다. AI 모델 한 개 훈련에 필요한 전기는 일반 가정 100가구의 연간 전기 사용량을 초과한다는 추산도 있다(연합뉴스, 2024). 또한 한 대형 트랜스포머 모델의 학습에는 27만 4120 GPU시간이 소요되며, 65만 6347kWh의 에너지가 소비되고, 284미터톤(metric tons)의 이산화탄소환산량(Carbon Dioxide Equivalent, CO2e)이 발생한다(Clemm et al. 2024). 이러한 에너지 소비는 AI 기술의 발전에 따라 계속해서 증가하고 있으며, 환경에 상당한 부담을 주고 있다.

AI 기술의 발전으로 인해 데이터센터의 에너지 소비도 급증하고 있다. 국제에너지기구(International Energy Agency, IEA)는 2026년까지 데이터센터의 전력 소비량이 1,000테라와트시에 도달할 것으로 예측하며, 이는 일본의 전체 전력 소비량과 맞먹는 수준이다(Clemm et al., 2024). 이러한 증가는 주로 AI 하드웨어 가속기, 특히 GPU의 사용 증가로 인한 것으로, 데이터센터가 전 세계 탄소 배출의 주요 원인 중 하나로 부상하고 있다(TechInsights, 2024).

AI 기술의 발전은 탄소 배출량 증가로 이어지고 있다. 2025년부터 2029년 사이에 AI 가속기로 인한 이산화탄소 배출량이 300% 증가할 것으로 예상된다. 배출량 증가는 AI 칩의 제조 과정에서 발생하는 탄소 배출뿐만 아니라 AI 모델의 훈련과 추론 과정에서 소비되는 막대한 에너지로 인한 것이다. 특히 AI 가속기용 GPU는 일반 소비자 전자제품용 칩보다 몇 배나 크기 때문에, 제조 과정에서 더 많은 에너지를 소비하고 더 많은 배출물을 생성한다(TechInsights, 2024).

에너지 효율을 높이는 AI 칩 기술

저전력 AI 반도체 설계는 에너지 효율을 크게 향상할 수 있다. 예를 들어 중국 전자과기대학(University of Electronic Science and Technology of China, UESTC) 연구팀은 알고리즘과 아키텍처 최적화를 통해 전력 소비를 크게 줄인 AI 칩을 개발했다. 이 칩은 음성 인식에서 기존 칩 대비 90%의 에너지 사용 감소와 10%의 정확도 향상을 달성했다(Malewar, 2024). 이러한 저전력 설계 기술은 AI의 실용적 응용을 확대하는 데 중요한 역할을 할 수 있다.

고효율 칩 아키텍처 개발은 AI의 에너지 효율을 향상할 수 있다. 엔비디아는 지난 8년간 대규모 언어 모델 실행에서 GPU의 에너지 효율을 4만 5천 배 향상했다. 또한 최근 발표된 엔비디아 그레이스 블랙웰 수퍼칩 GB200은 AI 추론에서 이전 세대 GPU 대비 25배의 에너지 효율을 달성했다(Harris, 2024). 이러한 혁신적인 아키텍처 개발은 AI의 환경 영향을 크게 줄이는 데 기여할 수 있다.

AI 칩의 고성능화로 인해 발생하는 열 문제를 해결하기 위한 혁신적인 냉각 기술의 개발도 중요하다. 대만의 위스트론(Wistron)은 엔비디아의 옴니버스(Omniverse) 플랫폼을 사용해 엔비디아 디지엑스(DGX) 시스템의 열 스트레스 테스트를 위한 디지털 트윈(Digital Twin)을 구축해 시설의 전체 에너지 효율을 최대 10% 향상했다. 또한 연간 전기 소비량을 12만kWh 감소시키고 탄소 배출량을 6만kg 줄였다(Harris, 2024). 이러한 혁신적인 냉각 기술은 AI 시스템의 에너지 효율을 향상할 수 있다.

지속 가능한 AI 반도체 생산

반도체 산업에서 재생 에너지의 활용은 지속 가능성을 위한 핵심 전략이다. 많은 반도체 기업들이 이미 이 방향으로 나아가고 있다. 인텔은 2030년까지 100% 재생 에너지를 사용하겠다고 했으며, TSMC는 2030년까지 전력의 25%를 재생 에너지원에서 조달하는 것을 목표로 하고 있다(MRL, 2023a; Brescia, 2024). 이러한 노력은 반도체 산업의 탄소 발자국을 크게 줄이는 데 기여할 것이다.

반도체 산업에서 친환경 소재와 공정의 도입은 환경 영향을 줄이는 데 중요한 역할을 한다. 예를 들어 녹색 화학 기술의 혁신은 반도체 제조 과정에서 유해 물질의 사용을 줄이거나 대체해 더 환경 친화적인 생산 환경을 만들어 가고 있다. 또한 산업계는 재생 가능한 자원에서 얻은 새로운 재료와 기술을 탐구하고 있으며, 이는 3D 프린팅과 같은 기술을 활용한 더 지속 가능한 반도체 부품 생산으로 이어지고 있다(MRL, 2023a). IMEC의 지속 가능한 반도체 기술 및 시스템(Sustainable Semiconductor Technologies and Systems, SSTS) 프로그램 같은 산업 전반의 협력을 통해 반도체 제조의 환경 영향을 평가하고 개선하려고 노력하고 있다(IMEC, 2024).

순환 경제 접근법(Circular Economy Approach)의 적용은 반도체 산업의 지속 가능성을 향상할 수 있다. 이 접근법은 재료와 제품의 재활용, 재사용, 재목적화를 강

조해 폐기물을 줄이고 자원을 보존한다. 예를 들어 수명이 다한 칩과 전자 폐기물에서 귀중한 재료를 재활용하고 회수하는 효율적인 프로세스를 구축함으로써 자원 고갈을 크게 줄이고 환경 영향을 최소화할 수 있다(MRL, 2023b). 또한 반도체의 제품 수명 주기를 연장하면 교체의 필요성을 줄여 폐기물 발생을 최소화할 수 있다.

AI 기술은 환경 보호에도 기여할 수 있다. 영국 피더블유시(PwC)의 연구에 따르면, AI 응용이 2030년까지 전 세계 온실가스 배출량을 4% 줄일 수 있다. AI는 기후 모델링, 재생 에너지 최적화, 건물 에너지 효율성 향상, 정밀 농업, 야생동물 보호 등 다양한 분야에서 환경 보호에 기여할 수 있다(Ghoshal, 2024).

참고문헌

연합뉴스(2024.5.26). '전기 먹는 하마' AI…효율 높이기 경쟁. ≪연합뉴스≫, https://www.yna.co.kr/view/MYH20240526004300641

Brescia, G. F.(2024). Sustainability in the semiconductor industry. ≪Power Electronics News≫, https://www.powerelectronicsnews.com/sustainability-in-the-semiconductor-industry/

Clemm, C. et al.(2024). Towards Green AI: Current status and future research. arXiv. https://arxiv.org/abs/2407.10237

Ghoshal, P.(2024). AI & Sustainability: Artificial intelligence for tackling environmental challenges. FDM Group. https://www.fdmgroup.com/news-insights/ai-and-sustainability/

Harris, D.(2024.7.22). Sustainable Strides: How AI and accelerated computing are driving energy efficiency. NVIDIA Blog, https://blogs.nvidia.com/blog/accelerated-ai-energy-efficiency/

IMEC(2024). Sustainable semiconductor technologies and systems (SSTS). https://www.imec-int.com/en/expertise/cmos-advanced/sustainable-semiconductor-technologies-and-systems-ssts

Malewar, A.(2024.4.1). World's most energy-efficient AI chips with record-breaking performance. Tech Explorist, https://www.techexplorist.com/world-most-energy-efficient-ai-chips-record-breaking-performance/82612/

MRL(2023a). Challenges and solutions in sustainable semiconductor manufacturing. MRL Group Blog. https://www.mrlcg.com/resources/blog/green-technology-semiconductor/

MRL(2023b). Sustainability in semiconductor industry: Towards greener chip production. MRL Group Blog, https://www.mrlcg.com/resources/blog/sustainability-in-semiconductor-industry--towards-greener-chip-production/

TechInsights(2024). The Looming shadow of AI on semiconductor sustainability. https://www.techinsights.com/ko/node/58446

09
미래 반도체 기술과 AI

뉴로모픽 칩, 양자 컴퓨팅, 그리고 차세대 AI 반도체 기술은 AI의 미래를 재정의하고 있다. 뉴로모픽 칩은 인간 뇌의 구조를 모방해 저전력, 고효율의 AI 처리를 가능케 하며, 양자 컴퓨팅은 복잡한 문제 해결 능력을 극대화할 것이다. 또한 차세대 AI 반도체 기술은 AI 시스템의 성능과 에너지 효율을 향상할 수 있다. 이러한 기술의 융합은 다양한 산업 분야에 혁신을 일으키며, 우리 사회의 경제적, 기술적 지형을 근본적으로 변화시킬 수 있다.

AI와 화장품?

인간 뇌를 모방한AI 혁신, 뉴로모픽 반도체

AI 시스템의 정보를 처리하는 과정에서 막대한 전력이 소모되는 이유는 폰 노이만 구조에 기반한 전통적인 컴퓨팅 시스템의 구조적 한계 때문이다. 반면에 사람의 뇌는 수많은 데이터를 처리하면서 20W 정도의 작은 에너지만을 소모하는데, 작은 전구 하나를 밝히는 데 필요한 전력과 비슷한 수준이다. 사람의 뇌는 약 860억 개의 뉴런과 그 뉴런을 이어 주는 100조 개 이상의 시냅스로 이어진 방대한 병렬 연결 구조로 되어 있어 작은 전력으로도 수많은 정보를 빠르게 처리할 수 있다.

사람의 뇌는 전기신호인 뉴런 스파이크(Spike)를 통해 통신하며 각각의 뉴런과 시냅스가 정보를 다발적으로 주고받으며 연산 · 저장 · 학습을 동시에 수행한다. 그래서 전통적인 폰 노이만 구조의 컴퓨터와 달리 사람의 뇌는 메모리가 따로 필요하지도 않고 메모리 병목 현상도 없는 최고의 병렬 컴퓨팅 시스템이다(비트 PD 오목교 전자상가, 2024).

사람의 뇌 구조를 모방한 새로운 개념의 반도체가 주목받고 있는데, 바로 뉴로모픽 반도체다. 다양한 형태의 뉴로모픽 반도체 동작 방식이 있지만, 가장 활발하게 연구 중인 기술은 뇌의 동작 구조와 가장 유사하면서 에너지 효율적인 스파이킹 신경망(Spiking Neural Networks, SNN) 모델에 기초를 둔다.

뉴로모픽 반도체의 가장 큰 장점은 에너지 효율에 있다. 최초의 뉴로모픽 칩은 IBM이 제작한 트루노스로, 100만 개의 디지털 뉴런과 2억 5600만 개의 시냅스로 구성되어 있지만 전력 소모는 겨우 65밀리와트(mW) 정도에 불과하다(Merolla et al. 2014). 인텔이 만든 로이히 칩은 기존 GPU에 비해 1,000배 이상의 에너지 효율을 갖는다(Davies et al., 2018). 저전력으로도 동작하는 뉴로모픽 반도체가 실용화될 수 있다면 기존 AI 시스템의 전력 소비를 크게 줄일 수 있는 잠재력을 보여 준다. 또한 뉴로모픽 칩은 온칩(On-chip) 학습 능력을 갖추고 있어 지속적으로 변화하는 동적 환경에 적응할 수 있다. 그러나 현재 뉴로모픽 반도체 기술은 범용성과 확장성에 한계가 있으며, 기존 컴퓨팅 시스템과의 호환성 이슈도 존재한다. 더욱이 뉴로모픽 하드웨어에 최적화된 알고리즘이 개발돼야 하는데, 이는 현재 뉴로모픽 분야 연구자들이 직면한 주요 과제이기도 하다.

뉴로모픽 반도체는 다양한 분야에서 응용 가능성이확인되고 있다. 트루노스 칩은 간단한 이미지 분류 작업에서 우수한 성능을 보여 컴퓨터 비전 분야에서 큰 잠재력을 가지고 있음을 시사했다(Esser et al., 2016). 또한 자율주행 차량의 실시간 환경 인식, 로봇공학의 적응 제어, 그리고 의료 영상 분석 등에 활용되고 있다. 미래에는 더욱 발전한 뉴로모픽 기술이 휴머노이드 로봇의 두뇌 역할을 하거나, 초저전력 AI 시스템을 구현하는 데 핵심적인 역할을 할 것으로 기대된다.

뉴로모픽 반도체는 환경 문제를 야기하는 현재의 AI 시스템에도 큰 도움이 될 수 있다. 우리가 사용 중인 챗지피티와 같은 대규모 언어 모델 기반 AI 챗봇 서비스는 데이터센터에서 많은 전력을 소비하며 열을 발산하고, 이 열을 냉각하는 과정에서 또다시 수많은 에너지와 물을 소비하며 환경에 영향을 미치고 있다. 뉴로모픽 반도체의 상용화를 앞당길 수 있다면 현재의 AI 시스템으로 발생하는 환경 문제 부담도 덜 수 있을 것이다(비트 PD 오목교 전자상가, 2024).

AI 연산의 새로운 지평, 양자 컴퓨팅

양자 컴퓨팅은 컴퓨터 과학, 물리학, 수학의 여러 측면으로 이루어진 기술 분야로서 양자역학을 활용해 기존 컴퓨터보다 복잡한 문제를 빠르게 풀 수 있다. 양자 컴퓨팅은 중첩과 얽힘과 같은 양자역학적 현상을 이용해 데이터에 대한 연산을 실행하는 컴퓨팅의 한 유형이다. 우리가 사용하는 컴퓨터의 정보 단위는 0(꺼짐) 또는 1(켜짐)의 상태를 표현하는 이진비트(Binary Bit)다. 반면, 양자 컴퓨팅은 양자비트 또는 큐비트(Qubit)를 사용해 0과 1의 상태를 동시에 가질 수 있는 중첩(Superposition) 상태를 활용한다. 또 다른 중요한 원리는 얽힘(Entanglement)인데, 두 입자가 아무리 멀리 떨어져 있어도 한 입자의 상태가 다른 입자의 상태에 영향을 미치는 방식으로 연결될 수 있는 현상이다. 이 특성을 활용해 여러 큐비트에서 동시에 연산을 실행하는 양자 회로를 만들 수 있다. 양자 컴퓨팅은 암호화, 화학, 최적화 문제 등 여러 분야에 혁신을 일으킬 잠재력이 있다. 그러나 양자 컴퓨팅은 아직 비교적 새롭고, 개발 중인 기술이며, 극복해야 할 기술적 과제가 상당하다(Salomao, 2023).

최근 몇 년간 IBM, 구글, 마이크로소프트 등 기업들이 양자 컴퓨팅 기술과 양자 반도체 개발에 큰 투자를 하고 있어 점진적인 발전이 진행되고 있다. IBM은 2021년에 127큐비트 칩, 2022년에 433큐비트 칩에 이어 2023년 12월에 1,121큐비트의 양자 칩 콘도르(Condor)를 공개했다. 구글은 2024년 12월에 새로운 양자 컴퓨팅 칩 윌로우(Willow)를 이용하여 슈퍼컴퓨터로 10.7조 년 걸리는 문제를 5분 만에 해결한다고 보고했다. 2024년 4월 마이크로소프트와 퀀티넘(Quantinuum)은 공동으로 현존하는 가장 안정적인 논리적 큐비트를 구현해 양자 컴퓨팅의 새로운 이정표를 달성했다고 밝혔다.

양자 컴퓨팅을 활용한 양자 AI 연구도 활발히 진행되고 있다. 대규모 AI 모델 학습에서 양자 컴퓨팅과 AI를 결합한 하이브리드 방식이 연구되고 있는데, 제약적인 환경에서 동작하는 신경망 구조와 학습 알고리즘이 주가 되고 있다(김현지 외, 2023; Oluwafemidiakhoa, 2024). 조만간 양자 AI(Quantum AI)는 기존 AI 시스템의 한계를 극복하고 새로운 차원의 문제 해결 능력을 제공할 것으로 기대된다.

양자 컴퓨팅과 AI를 결합한 시너지 효과는 다양한 산업 분야에 혁신적인 변화를 불러올 것으로 예상된다(Pascal, 2024). 예를 들면, 금융 분야에서 리스크 관리와 포트폴리오 최적화를 위한 AI 모델 개선에 양자 컴퓨팅이 활용될 수 있고, 신약 개발을 위해 양자 가속 시뮬레이션을 기계학습 훈련에 활용해 제약 연구를 위한 AI 모델을 개선하고 있다. 또한 물류 및 공급망 관리에서는 최적 경로 계산과 자원 할당을 더욱 효율적으로 수행할 수 있다. 보안 분야에서도 현재의 암호화 시스템을 뛰어넘는 새로운 양자 암호화 기술이 개발될 것으로 예상한다. 이러한 혁신 기술은 앞으로 양자 컴퓨팅과 AI 기술의 시너지가 산업 전반의 생산성과 효율성에 미칠 영향의 일면을 보여 주고 있다.

미래 반도체 기술이 AI에 미칠 영향

AI 기술의 급속한 발전에 따라 AI 반도체 시장도 빠르게 성장하고 있다. 현재 AI 반도체 시장은 매년 약 18%의 성장률을 보이고 있으며, 이는 비 AI용 반도체 성장률의 5배에 달한다(홍석우, 2024). 이러한 고속 성장은 GPU, TPU, NPU 등 다양한 형태의 AI 하드웨어 가속기, 엣지 컴퓨팅을 위한 저전력, 고성능 AI 칩 개발이 이끌고 있다.

AI 반도체 기술의 발전은 AI 시스템의 성능과 에너지 효율을 향상할 것으로 예상된다. 예를 들어 뉴로모픽 칩 기술은 인간 뇌의 구조를 모방해 매우 낮은 전력 소비로 복잡한 AI 작업을 수행할 수 있고, 양자 컴퓨팅 기술이 AI와 결합하면 현재의 슈퍼컴퓨터로도 해결하기 어려운 복잡한 문제들을 효율적으로 처리할 수 있을 것이다. 이러한 기술 발전은 AI 모델의 규모와 복잡성을 증가시키면서도 에너지 소비를 줄일 수 있어, 더욱 지속 가능한 AI 시스템 구축도 가능하게 할 수 있다.

AI 반도체 기술의 발전은 다양한 산업 분야에 혁신을 몰고 올 것이다. AI 모델과 AI 반도체 기술의 결합은 자율주행 자동차, 스마트 시티, 개인화된 의료 서비스 등 다양한 분야에서 혁신을 이끌고 있다. 이러한 기술 발전은 새로운 비즈니스 모델과 서비스의 출현으로 이어져 경제 활동의 다양성과 창조적 발전을 촉진할 수 있을 것이다.

참고문헌

김현지 외(2023). 양자컴퓨팅을 이용한 양자 인공지능 기술 동향. ≪정보보호학회지≫, 33(2), 57-67.

비트 PD 오목교 전자상가(2024.10.23). [Behind the CHIP] 인간 두뇌의 '전성비'를 따라잡아라! 뉴로모픽 반도체의 도래. Samsung Semiconductor Newsroom, https://bit.ly/40edJsI

홍석우(2024). 지능형(AI) 반도체 산업 현황 및 관련 기술 동향. ITFIND(정보통신기획평가원).

Davies, M., et al.(2018). Loihi: A Neuromorphic manycore processor with on-chip learning. *IEEE Micro, 38*(1), 82-99.

Esser, S. K., et al.(2016). Convolutional networks for fast, energy-efficient neuromorphic computing. *Proceedings of the National Academy of Sciences, 113*(41), 11441-11446. https://www.pnas.org/doi/10.1073/pnas.1604850113

Merolla, P. A., et al.(2014). A million spiking-neuron integrated circuit with a scalable communication network and interface.

Science, 345(6197), 668-673.

Oluwafemidiakhoa(2024). Revolutionary quantum AI algorithms: Solving complex problems with advanced technology. Medium, https://medium.com/codex/revolutionary-quantum-ai-algorithms-solving-complex-problems-with-advanced-technology-1f675bdc0854

Pascal(2024). 퀀텀이 인공지능을 강화하는 방법. https://www.pasqal.com/ko/how-quantum-powers-artificial-intelligence/

Salomao, A.(2023.5.22). What is quantum computing: The future of info processing. Mind the GRAPH. https://mindthegraph.com/blog/what-is-quantum-computing/

10
AI와 반도체를 둘러싼 사회적 도전

고성능 AI 반도체 기술의 발달에는 윤리적 딜레마가 존재하고 있다. 또한 글로벌 반도체 공급망 편중으로 인해 국제 관계 문제를 야기하고, 기술 패권 경쟁을 가속하고 있다. 이러한 상황에서 AI 반도체 산업의 지속 가능한 발전을 위해서는 윤리적 가이드라인을 준수하고, 사회적 책임을 다하며, 환경적 영향을 최소화하는 균형 잡힌 접근이 필요하다. 결과적으로 AI와 반도체 기술의 발전이 가져올 혜택은 최대화하면서 잠재적 위험을 관리하고 사회적 가치를 창출하는 것이 우리 사회의 중요한 과제다.

종교와 AI?

AI 반도체의 활용과 딜레마

오늘날 AI와 반도체 기술의 융합은 현대 사회의 디지털 전환(Digital Transformation, DX)을 이끄는 핵심 동력이다. AI 반도체는 AI 연구 개발 및 서비스 구현에 필요한 대규모 연산을 고성능으로 실현하며, AI 모델의 두뇌 역할을 한다. AI 반도체의 진화는 AI 기술을 혁신적으로 발전시키는 동시에 AI 기술로 인한 윤리적 문제를 야기한다.

개인정보 보호와 프라이버시 침해, AI 알고리즘의 편향성과 차별 가능성, 의사 결정의 투명성과 설명 가능성 부족 등이 주요 쟁점으로 떠오르고 있다. AI 반도체를 이용한 딥페이크 기술의 악용, AI 편향으로 인해 발생하는 발생, 저작권 규정을 무시한 AI 학습용 데이터의 무단 사용 등 실제적인 피해 사례도 증가하고 있다. 특히 AI 반도체는 미래 군사 전투력으로 직결되어 미국과 중국을 중심으로 AI 군비 경쟁이 가열되고 있다. 우리나라도 AI 기술이 자주국방의 핵심으로 떠오르고 있다(김주완, 2024). 그러나 AI 기술의 군사적 활용은 심각한 윤리적 딜레마를 제기한다. 자율 무기 체계(Autonomous Weapons Systems)에 사용되는 AI 반도체는 전쟁의 양상을 근본적으로 바꿀 수 있으며, 사람의 개입 없이 독립적으로 목표물을 식별하고 공격할 수 있는 능력을 갖춘다(전재성, 2024). 이러한 사실은 국제인도법(International Humanitarian Law) 위반 가능성, 책임 소재의 불명확성, 그리고 무기 경쟁 가속화 등의 문제를 야기한다.

이와 같은 AI 반도체의 이중 용도 특성으로 인해 상업적 응용과 군사적 활용 가능성이 공존해 규제의 필요성이 더욱 부각된다. 각국 정부와 국제기구에서는 AI 윤리 및 신뢰성 관련 원칙을 제정하고 규제를 마련하고 있다. 미국은 안전하고 신뢰할 수 있는 AI에 대한 행정 명령을 발표해 AI 기술 개발 촉진과 위험 관리, 시민 권리 보호를 동시에 추구하고 있다. 이 행정 명령은 AI 시스템의 총연산 능력과 같은 기술적으로 측정할 수 있는 매개변수를 정의해 수출 통제의 기준으로 삼고 있다(Reinhold, 2024).

우리나라는 AI 윤리 · 신뢰성 확보 추진 계획을 발표해 민간 주도의 AI 윤리 · 신뢰성 확보 방안과 신뢰성 연구 개발 등을 추진하고 있다(김성수, 2024; 유화선 외, 2024). 유럽연합은 AI 시스템의 투명성, 책임성, 안전성을 보장하기 위한 새로운 규칙을 도입하고 있고, 미국 국립표준기술연구소(NIST)와 연방통신위원회(FCC)도 유사한 요구 사항을 도입하고 있다(World Economic

Forum, 2024). 그러나 AI 반도체 기술의 급속한 발전으로 인해 규제 정책이 기술 발전 속도를 따라가지 못하는 상황이 발생하고 있어, 이에 대응해 하드웨어 보안 메커니즘(Hardware-Enabled Mechanisms)과 같은 기술적 해결책이 제안되고 있다. 하드웨어 보안 메커니즘은 수출 통제의 더 나은 집행과 특정 사용 사례에 대한 제한을 가능하게 해 미국 기업들의 상업적 영향을 줄이는 데 도움을 줄 수 있다(Fist et. al., 2024).

AI 반도체 기술의 양면성을 고려할 때 혁신을 촉진하면서도 안전과 윤리를 보장하는 균형 잡힌 규제 접근이 필요하다. 이를 위해서는 국제적 협력과 지속적인 대화, 그리고 기술 발전에 따른 유연한 정책 조정이 요구된다.

글로벌 반도체 공급망 불안정성과 지정학적 영향

반도체 산업의 글로벌 공급망은 수십 년에 걸쳐 세계 각 지역 간에 전문화와 분업화가 완성되었다. 반도체 설계는 주로 미국 기업들이 담당하고, 제조 및 후공정 분야는 동아시아 기업들이 참여하고 있다. 그러나 이러한 공정별, 지역별 분업화의 심화로 인해 단일 장애점(Single Point of Failure) 위험이 대두되었으며, 미국-중국 분쟁,

전염병, 자연재해 등으로 인한 공급망 교란이 발생하면서 공급망 집중화의 문제점이 국가 안보, 산업 및 경제에 큰 위협이 되고 있다(신규섭 · 설송이, 2021).

반도체는 모든 산업의 '쌀'로 비교될 수 있을 정도로 필수 품목으로 국가 안보와 경제 성장에 매우 중요도가 높아 첨단 기술 산업 주도권 확보의 핵심이다(신규섭 · 설송이, 2021). 특히 미국과 중국 간의 기술 패권 경쟁이 심화하며 미국은 중국의 반도체 추격을 지연하기 위해 다양한 규제 조치를 실행하고 있다(최진백, 2023). 이러한 상황에서 반도체 공급망은 단순한 산업 공급망이 아닌 국제 정치 및 경제의 판도를 좌우하는 수단이자 목적으로서 중요성이 커지고 있다.

미국은 글로벌 반도체 공급망 재편을 주도하고 있으며, 자국 중심의 반도체 공급망 구축에 총력을 기울이고 있다. 향후 반도체 산업 공급망의 변화는 세 가지 방향으로 예상된다. 첫째는 국제 분업 체계에서 국내 분업 체계로 변화할 것이고, 둘째는 미국과 중국 반도체 디커플링(Decoupling)이 심화하면서 기업들의 대중국 리스크가 커질 것이며, 셋째는 미래 산업 분야를 견인할 초미세 공정 반도체를 둘러싼 각국의 경쟁이 심화할 것이다(신규섭 · 설송이, 2021).

지속 가능한 AI 반도체 산업: 사회적 책임과 미래 과제

AI 반도체 산업은 높은 에너지 소비와 탄소 배출 문제를 초래하고 있다. AI 데이터센터를 현재 기술로 구축하면 2025년까지 전 세계 전력의 15%를 소비하게 될 것으로 예상한다(김동원, 2021). 또한 AI 반도체 생산 공정에서 발생하는 온실가스 배출량은 일반 반도체 공장보다 약 30% 더 많은 것으로 나타났다(이정윤, 2024). 이에 따라 저전력 반도체 개발과 재생 에너지 사용 등 환경 영향을 줄이기 위한 노력이 필요하다.

AI와 반도체 산업은 기술 발전과 함께 사회적 책임을 다해야 한다. 기술 개발자, 사용자, 정책 입안자 등이 각각의 역할에 따라 윤리적 책임을 다해야 하고, AI 중독을 불러오는 과도한 AI 의존성은 지양하고 AI가 혁신의 조력자로 인식될 수 있는 환경을 조성해야 한다. 또한 AI로 인해 발생할 수 있는 변화와 불확실성을 연구해 미래 AI 사회를 사전에 준비할 수 있도록 시나리오와 대응 정책을 수립해야 한다(김성수, 2024).

AI 반도체 산업의 미래 발전을 위해서는 지속 가능한 성장을 위한 산업 생태계 구축과 윤리적 AI 개발이 필요하다. AI 반도체 시장은 저전력, 고효율의 주문형 반도체 중심으로 성장하고 있으며, 향후 AI 반도체는 데이터센터용에서 자동차, 스마트폰 등 디바이스용으로, 학습용에서 추론용으로 시장 비중이 확대될 것으로 전망된다(SK telecom, 2022). 또한 AI 반도체의 성능과 AI 모델의 위험성을 객관적으로 판단할 수 있는 기준을 마련하고 AI 발전에 상응하는 교육과정과 제도도 마련해야 한다.

참고문헌

SK telecom(2022.4.12). 왜 'AI 반도체'가 반도체의 미래라고 불릴까?. https://news.sktelecom.com/177133

김동원(2021.3.15). "AI기술발전이 지구에 재앙"...저전력반도체 개발 등 탄소 배출 감소 방안 절실. ≪AI타임스≫, https://www.aitimes.com/news/articleView.html?idxno=137323

김성수(2024.6.1). AI 기술 활용, 인간의 윤리 의식·도덕적 판단 중요. ≪산업일보≫, https://kidd.co.kr/news/236913

김주완(2024.11.13). '전쟁 AI' 안 만든다더니…슬쩍 레드라인 넘은 빅테크. ≪한국경제≫, https://www.hankyung.com/article/2024111397331

신규섭 · 설송이(2021). 주요국의 반도체 산업정책과 공급망 변화 전망. KITA 통상리포트, 17.

유화선 외(2024). 인공지능 윤리(AI Ethics): 인간과 인공지능의 조화로운 공존 방안. KISTI 이슈브리프 68.

이정윤(2024.7.15). AI 반도체의 이면...기술 혁신과 윤리적 과제의 교차로와 환경에 미치는 영향. ≪데일리환경≫,

https://www.dailyt.co.kr/newsView/dlt202407150010
전재성(2024). [AI와 신문명 표준 스페셜리포트] 군사도전②: AI 기반 자율무기체계, 인지전의 발전과 군사안보질서의 변화. 동아시아연구원. https://www.eai.or.kr/new/ko/pub/view.asp?intSeq=22707&board=kor_special
최진백(2023). 미중 간 반도체 경쟁의 전략적 의미와 전망. 국립외교원 외교안보연구소. 국제주요문제분석 2023-39.
Fist, T., et al.(2024). Technology to secure the AI chip supply chain: A working paper. Center for a New American Security. https://www.cnas.org/publications/reports/technology-to-secure-the-ai-chip-supply-chain-a-primer
Reinhold, T.(2024). Artificial intelligence, semiconductors, and the military. CNTR Monitor. https://monitor.cntrarmscontrol.org/en/2024/artificial-intelligence-semiconductors-and-the-military/
Word Economic Forum(2024). How to balance regulating semiconductors with global security and technological progress. https://www.weforum.org/stories/2024/01/balance-regulating-semiconductors-global-security-technological-progress/

최종수

삼성전자 DS 부문 산학협력교수이며, 숭실대학교 IT대학 AI 융합학부 겸임교수다(2023~). 캐나다 오타와대학교 전기 및 컴퓨터과학과에서 신경회로망과 신호처리 연구로 박사 학위를 받았다. 삼성전자 통신연구소와 DMC연구소에서 이동통신 표준 기술을 연구했고, 국제 이동통신 표준 규격을 개발하는 3GPP에서 삼성전자 Delegate로 활동했으며(2005~2014), 3GPP TSG-GERAN 부의장을 지냈다(2007~2011). 같은 기간에 삼성전자 영국 연구소 Standards & Technology Enabling Director로 근무했다(2009~2011). 이후 삼성전자 System LSI 사업부에서 Exynos 브랜드로 알려진 Mobile SoC 제품 마케팅 디렉터(2014~2021)로 근무했고 AVP사업팀에서 Advanced Package 마케팅 전략을 리드했다(2022~2023). 현재 인공지능 반도체와 인공지능 응용 기술을 연구하고 있다.